邊個想返工

—— 拆解職場新丁49道難題

伍詠光、林峰、馮文傑、
萬樂人、廖燕萍 著

邊個想返工 —— 拆解職場新丁49道難題
作者／伍詠光、林峰、馮文傑、萬樂人、廖燕萍
策劃編輯／伍詠慈
責任編輯／史曉晴
美術設計／陳詩韻
內頁插圖／郭兆明
出版發行／突破出版社
香港沙田亞公角山路33號突破青年村
電話：2632 0000　傳真：2632 0388
電郵：breakthrough@breakthrough.org.hk
網址：http://www.breakthrough.org.hk
http://www.btproduct.com
承印／陽光（彩美）印刷有限公司
2017年7月初版1刷
2018年3月初版2刷

Handbook for New Come Pathfinder
by Ringo Ng, Fung Lam, Man-kit Fung, Joyce Man, Yin-ping Liu
First Printing, First Edition, July 2017
Second Printing, First Edition, March 2018

Printed in Hong Kong
ISBN 978-988-8392-59-9

承蒙新鴻基地產贊助出版經費，特此鳴謝。

本書經文取自《新標點和合本》，版權為香港聖經公會所有，承蒙允准採用，特此鳴謝。

誠邀閣下就突破出版社的書籍發表意見

歡迎加入突破書籍 Facebook page — http://www.facebook.com/btbooks.page

本書採用環保油墨印刷

生 活 與 輔 導

關懷、連繫、復和、

溝通、對話……

凝視心之脈動，

直到重新尋獲自己的心。

目錄

二、搵工難過搵……

三、累積金錢不如累積軟實力

四、職場最難搞的是人

五、休息工作工作休息

序一

《邊個想返工》道出職場新丁對新環境的掙扎及迷惘。在年輕人踏入職場之先，企業能夠及早伸出援手。

由 2003 年開始，新鴻基地產與突破機構合辦「師徒創路學堂」，至今已經 15 年。過去數年，我參與了計劃的誓師禮及結業禮，見證着一張張新面孔，完成 10 星期工作實習後的改變，從起初的戰戰兢兢，至後來與同儕及新地的師傅建立了手足之情，踏出探索工作的第一步。

新地的企業文化重視承傳經驗和知識，在這個計劃裏正正擔任橋樑的角色，協助學員從校園走到職場，讓年輕人能更好地適應新環境，甚至感受新地「以心建家」的精神。

除了企業的協助之外，年輕人也要裝備技能，強化心理素質，好好認識自己。回想自己十多年的工作歷程，無論作為上司或員工，有三個要素想與大家分享。

1. 從逆境中學會堅毅

就算你不喜歡現時的工作，都可視之為訓練及裝備自己的機會，因為你在逆境中會學懂堅毅。

〈雅各書〉1 章 2 至 4 節記載：「我的弟兄們，你們落在百般試煉中，都要以為大喜樂；因為知道你們的信心經過試驗，就生忍耐。但忍耐也當成功，使你們成全、完備，毫無缺欠。」

在轉工前，請你多角度思考以下的問題：

- 與上司是否有溝通的障礙，在工作職能上有沒有清晰的界定？

- 在工作表現方面，上司的期望與實際情況是否有差距？有沒有向他解釋清楚？
- 上司是否知道你在工作上得不到滿足感？
- 如果工作崗位真的不合適，是否有機會調職呢？

當考慮過後，仍然覺得不適合，我絕對贊同你轉換新環境，但在切實考慮轉工前，請嘗試與上司好好溝通或向前輩請教，因為全面考慮比輕易放棄是更好的選擇。

2. 同理心

在職場的羣體生活中，你可能遇到一些不愉快或者不明白的事情，令自己走進死胡同，可以試從別人的角度思考。一顆同理心，可以助你走出困局。

3.「唔怕蝕底做多步」

「唔怕蝕底做多步」這個原則，從爺爺郭得勝傳給爸爸郭炳江，現在再傳給我。年輕人在職場上遇到不如意時，或會覺得「蝕底」，從而選擇放棄，但是很多事情不能只看表面，有時候「蝕底等於着數」，你會有意想不到的收穫，這樣就不會煉成玻璃心。

年輕人初為職場新鮮人，少不免會感到無助。我深信經過試煉及忍耐後，他們一定可以順利適應，走出一條豐盛的道路，並承接香港社會持續發展的重任。

郭基煇

新鴻基地產執行董事

序二

邊個想返工？這是天下打工仔的心聲。

朝九晚五地上班，一輩子只打一份工，然後等領退休金的上班族，今時今日，就快變出土文物。邁向新世代，全職上班的工作模式，亦開始被年輕人唾棄。

時下青年，一份工總是做不長，對他們來説，世界很大很闊，有無限的可能。他們既想有足夠金錢維生，又想有自己的私人空間，更想生活與工作平衡。這樣一來，問題來了。

很多新世代職青都在想，是否一定要返工？他們認為工作，不一定要坐在辦公室；待在家中，一樣可以發揮所長。尤其是多才多藝的人，都不想困在傳統的辦公環境中，又想發展自己的興趣，因此寧願在家做 freelancer，以保持「自由身」。抱持這種想法的年輕人，近年更不在少數。

筆者敢大膽預言，辦公室打長工這種工作模式，未來會慢慢消失！

不過，要以「自由式」在職場中暢泳，大前提必先培養「一技之長」，認清自己的市場價值，並尋找適當的平台加以發揮，要是能跟同道中人一起打拚，就更加理想，更重要是走入羣體。因為很多事情，一個人是做不到的，集合多人之力，才會事半功倍。

隨着大學教育愈趨普及，滿街都是大學生，哪怕只是攝影，也要有一定競爭力。作為知識型的「個體戶」，擁有極少人會的特殊專長，方能在多元職工的時代脱穎而出！

陳筱芬博士

《Job Market 求職廣場》出版人及行政總裁

出題：*師徒創路學堂學員及職場小薯*

解題：*職場老手——*

萬樂人，Joyce Man，突破機構總幹事，從事人事管理 2X 年，相信工作就是要祝福他人。

廖燕萍，突破創路坊經理，師徒創路學堂總導師，從事青年工作 2X 年，相信工作就是從心的一種選擇，接待自己，善待別人。

林峰，突破創路坊程序主任，師徒創路學堂導師，從事青年工作 1X 年，相信工作就是 work hard, pray hard。

馮文傑，突破創路坊高級程序主任，師徒創路學堂導師，從事青年工作 1X 年，相信工作就是一趟發現自我的旅程。

伍詠光，Ringo Ng，突破輔導中心助理總監。工作 2X 年，唸書時是經濟人，初入職場是廣告人，現在是輔導員兼作者，相信工唔係咁打，理想可以當飯食。

一、邊個想返工！

創路新手心聲

陳　琦（Anna）

在新鴻基地產有限公司進行為期 10 星期的文員實習。對我來說，文職工作確實是個很大的挑戰。雖然我能忍受沉悶，但要我每天在如斯氛圍下做着機械式的工作，實在有點難受！幸而，我不斷的挑戰自己，不斷要自己努力工作，抵擋沉悶的攻擊，最終成功完成整個實習，實在是不容易呢！

經歷過無數難關後，我又重新認識了自己，發掘到自己另一面，更了解自己。

劉建澤（Jason）

真正決定你將來是否成功的，並不是你的能力，而是你的態度。假如你沒有投入工作，即使你能力再高，你也不會成功。

工作實習的階段，雖然我被安排到遠離居住地方的公司工作，但我堅持每天準時上班。我非常感謝師傅對我的照顧和提點，令我學會更多在職場上須要留意的地方。

黃彥傑

在這兩個多月的實習中，從一開始充滿幹勁，到後來偷懶，直至一次的失誤後，終於反省自己。不知不覺，原來自己在沉悶的工作中，失去了動力。人生就像一場戰爭，與敵人的抗爭中，不斷消磨自己的意志和體力，一時掉以輕心，結局便是被敵人踩在腳下。

黃彥傑の師傅：古永信

實習期間，有大量機械式的沉悶工作，也有一些接觸內部各同事的訪問，嘗試撰寫不同類型的文章，對工作的興致亦有起有落。其實工作生涯正正是這樣，這刻可能遇上喜歡的工作而全力衝刺，下一刻卻接受了悶透的任命而狀態回落，如何保持穩定的工作態度和效率？不僅是年輕人必修的課題，我作為一個征戰職場十多年的「老將」（相對而言）也需要學習。

出版寫作工夫需要長時間浸淫，但阿傑對文字工作的確有相當的興趣和能力，希望他能夠堅定自己的目標，好好裝備自己，向理想進發。

黃蔭權

在工作實習中，我學會了包容、忍耐，學會了如何捨棄個人利益，亦學會面對現實，明白要得到某些東西的同時，可能要捨棄其他事情！嘩，說得這麼「虛」誰會明白呀？好簡單，例如我在工作實習期間捨棄了金錢利益等，卻學會了任何事有時付出多少，不一定有相對回報這個道理，也明白自己到底為了什麼工作，金錢？名利？兩者皆否！我的選擇是快樂和興趣。我明白到做一份自己沒興趣的工作，就算高收入也是生不如死，度日如年。試想像你就如機械人一樣，每天睡、食、返工、放工、再睡，試問這樣的人生有什麼意義？倒不如找一份自己喜歡、有意義的工作，這樣的人生才會更多姿多彩！

其次，我發現自己有時說話太過直率。直率當然有正負兩面，有時不留餘地的說話可能傷害別人，說話技巧方面需多加留意。但是，我為現在沒被這個花花世界影響的自己而感到驕傲！現今社會需要戴着不同面具對待不同事情，無奈這是生存的必要技能，但長期戴着面具會使人迷失自我，失去本來真實的一面，真實的情感！我為自己能做到真實的自己感到高興，而且珍惜；亦為日後路途崎嶇的洗禮感到迷茫！

黃蔭權の師傅：傅家文

人面對一個全新的工作環境，當然需時適應，學員權仔亦不例外。他是初次接觸行政工作，對一般文書處理、雜務和日常行政工作都跟想像中有落差。我的責任之一就是要他了解各個工作層面的要求和重要，讓他知道如何在自己的學習崗位中做得完滿。我也曾是初生之犢，偶有面對不合己意之時會反叛，以個人風格行事，忽視團隊精神和公司規條，未幾就闖出禍來。經一事，長一智，以後，學懂了。施比受更為有福，我深信身教是生命影響生命的重要一環。

本部分內容均為師徒創路學堂學員及工作師傅撰寫。學員參與計劃時，會獲安排工作實習，由工作師傅指導，是他們人生首次踏足職場。

初入職場迷失方向

升中、升大專有一段適應期。學校會提供銜接課程，不同組織也有迎新營（o camp），有組爸組媽協助儘快融入新環境。然而，踏入社會，彷彿不容許發問、犯錯，要正襟危坐的做個「大人」。面對身分的轉變/社會的認同感/別人的期許，總會思索如何找到自己的位置，究竟該如何應付這過渡期？

有一位年輕人曾説：她離開學校進入職場，好像從 ICU（intensive care unit，深切治療部）轉到 General Ward（一般病房）！一時間所有近距離的關心、照顧都突然消失，自己霎時成為茫茫人海中的一個，感覺失落得很！

青年從「高度保護」的環境過渡至「茫茫人海」的陌生地帶，或許起初都會感覺興奮新奇。不過，興奮過後，作為職場「新丁」，很快就會感到無所適從，甚至有些孤單……

不過，一個錢幣總有兩面。有些同學進入大學，特別是寄宿或留學的一羣，覺得那是人生最美好的時間：寬容開放的環境、自由自主的生活，加上沒有老師、考試直接的壓力，既可以 hea，也可以「上莊」，玩個天昏地暗，實在捨不得離開。

因此，進入職場也可能產生另一個現象，就是從「慢活」的形態轉移到「高壓」的工作場景，畢業生一時間感到生活嚴重失衡，失落了昔日的「生趣」、「身分」。

要是你加入一些稍有規模的公司、機構，畢業生常常感覺自己只是一個 small potato（小薯），就更覺混沌、迷惘。若公司制度完善，或會安排新同事入職培訓（orientation），固然有所幫助，但起初難免會患得患失、步步為營。

小薯的成長

我想起當奴．薩柏（Donald Super）的職業生涯發展研究，他提出了以下五個成長階段：

1. **成長期**（Growth）：0 至 14 歲；由重要他人身上產生自我概念。

2. **探索期**（Exploration）：15 至 24 歲；成長與學習的關鍵時期。
3. **建立期**（Establishment）：25 至 44 歲；嘗試檢驗，確定職業選擇的路向。
4. **維持期**（Maintenance）：45 至 64 歲；維持既有安定的地位。
5. **卸載或退出期**（Disengagement）：65 歲或以上；適應退休生活。

理論原先主要應用在人生的工作進程，隨着年紀增長，階段有所改變；但同時也可以套在每個人接觸一份新工作時必經的歷程。簡單來説，從入職起首，總有很多學習，隨着一直加強自己對工作、同事及環境的認識和意識，慢慢可以捉摸個人的角色和公司 / 主管的期望。過了一段日子，建立了基本技能和認知，就會漸趨穩定，累積經驗。當到達某一個位置，是時候開拓其他新方向，就要進一步學習放下。要是進入新崗位，這五部曲又再來一次！

過渡期必勝攻略

其實，任何轉折期都有它的挑戰，有時候需要卸下舊的東西，學習新的事物，這不單是技能也是心理的成長。以下幾方面提示我們，如何主動回應（proactive）新時期的轉變：

1. 邁向獨立的心態

一個調查指出，80% 千禧代期待上司會定時作出回饋，而有 75% 渴望有職場的師傅（mentor）指點前路。可惜，因着忙碌的工作，嬰兒潮年代的主管往往都會讓千禧代的願望落空。故此，我們要改變倚賴的心態，學習獨立處理問題。

我主持面試時，常常會問申請者，在工作遇到新事物或難題會如何處理，從而看看他分析和處事的能力。若能夠多元思考、運用各種資源，面對問題，都是一種獨立的表現。

不過，若能物色一至兩位可信任的同事，成為你的「盲公竹」，或許可以少走一些迂迴的路。

2. 了解公司的要求

知己知彼，在進入任何公司或崗位前，都可以先去了解當中對員工的要求，簡單至上班時間、工作性質，對作為從校園過渡至職場的你，都是新的生活形態，新的學習。

下一步就是「入鄉問禁」，我們需要細心留意工作間的文化，例如衣着、談吐、管理模式，以至一些「潛規則」（不成文規定）。有時候，我們會遇到一些不符合自己個性、風格的公司文化，請不要馬上就批評、對抗。先尊重，後理解，一個新人經驗有限，花時間觀察、沉澱，等待機會慢慢作出改變吧！但是，若你發現這些文化與你的價值觀嚴重違背，可能要選擇離開……

3. 聆聽別人的批評

上一代普遍覺得千禧代心靈比較敏感，自尊心較強，俗稱「唔話得」；而對於權威，肯定是抗拒多於順從。年輕人成長是一個過程，探索期的特點之一，就是要建立健康的我，也由此成為一個可以建立健康關係的我。

因此，新丁們實在應該多聆聽別人的意見，打破社會對青年人的偏見；同時，逃避困難只會作繭自綁，愈來愈封閉。能夠面對別人的批評，接受自己的軟弱，很多時都是成長的秘訣！

也許，你會發現許多的歷史、文化、想法，何等根深蒂固，並不輕易改變，對新事物還是挺難適應。不過，先不要以為問題總在別人或公司身上，可能真的要鍛練自己的能耐，一步步發掘箇中的奧妙，積極塑造屬於你的工作旅程！

面對新挑戰，要積極主動回應！

新身分，新角色

人生有很多重要的事情，也需要我的參與，缺一不可，請假去做為何不可？另外，我強烈認為事前加班，補回工作時數，就能換取假期，這樣既能請假亦能達到實習的時數。

Sam 初踏職場實習，對工作的想法總讓人意想不到。有次與他傾談對加班的理解，他說，「如果想增加假期，事前自行加班，補足時數即可」。有放假，有補時，這是另類的「等價交換」。既是等價（時間），就能理直氣壯的交換。

有人形容這是一種「預支未來」的生活態度。當我更深入了解 Sam 的情況，不難發現，他正處於青少年過渡成年，以及畢業踏入職場的兩個人生重要轉變時刻。根據當奴．薩柏的職業生涯發展階段理論所說，15 至 24 歲是探索階段，人們開始認識並接受職業選擇的需要，嘗試尋找與自己興趣、能力相關的工作機會。當中最重要的過渡是他們對自身價值、職業取向、社會角色的探索，尋找未來的方向與人生目標。

新人的盲點

身分剛剛轉換，年輕人未必察覺過往的生活模式、價值觀直接套用到職場帶來的影響。當他們帶着舊身分、角色面對新的處境，容易給人一種自我中心的感覺。在工作初期，年輕人對工作環境、公司規矩沒有清楚的認識，也未必能事事請教同事，只能自己摸索、理解一些既有原則或規則，而往往錯摸。事實上，他們並非故意打破或改變既定規則，只是經驗未夠，無端變成對着幹。

所以，進入職場也要像探子一樣，主動了解公司的政策，了解經常合作的同事。最重要是明白自己身處的環境、身分已不同，與讀書時的自由自在不同，有很多事情不再單憑自己決定，而是需要聽從上司的吩咐，與團隊合作。我們要適時自省，思考所做的是否合情合理，是否適合，也要尊重與遵守公司的政策與文化。

從前，我們有固定的時間表，何時上課，何時下課，何時放假；但是，踏入職場，就未必事事如自己所願，忙碌的時候，未必能夠準時放工，甚至需要加班，這是對工作的承擔與責任。學習不斤斤計較，多走一步，也體現了對這個新身分與角色的理解與承擔。

有時，年輕人或會以為，工作今天做不完，明天上班繼續就可；加班以後，自然能補假。這種想法不是歪理，只是這是否公司一貫做法？應該提醒自己，身分轉變了，要學習明辨及權衡輕重，理解工作及對工作承諾。花時間慢慢探索新身分，脫去稚氣，又或自我中心的處世態度，以心體會別人，是工作與人際關係的重要課題。

出來打工，要耐心學做新人。

找到自己的定位

有人說今日很多工種日後都會遭淘汰，物競天擇，適者生存，我要怎樣選科選工，才能確保前路有保障呢？

2016 年，世界經濟論壇發表研究報告，預計今天每 100 個小學生，65 人未來會從事現在仍未流行的工作。隨着「大數據」、人工智能等的技術應用愈趨普及，很多人估計多工種將會消失，或將由機械人取代。例如，在日本，有的超級市場、便利店收銀服務已經自動化，並且有機械工具把貨品入膠袋；港鐵南港島線採用無人駕駛列車，而世界各地的大公司都爭相發展無人駕駛汽車。

世界變得很快，導致工作市場變動很大。在網上直播打機、拍片放上 YouTube 的 YouTuber，今天可以成為職業，這是 10 年前無法想像的。過去想創作拍片，機會不多，但是今天能夠在網上自設影片頻道。這些轉變，給我們的機會多了，同時使我們應接不暇；過去掌握的技能，好像一夜間已經過時。

過去的年代，年輕人大學畢業後，多是從事與本科有關的工作，今天已經不再如此。12 年的免費教育、不斷增加的專上教育學額，令接受高等教育的年輕人愈來愈多，職業的種類卻好像愈來愈狹窄。

曾看過一條短片，記者問年輕人：「點睇自己的未來？」年輕人充滿「睿智」與自嘲的口吻反問記者：「你覺得我有無未來呀？你話我有無未來呀？」面對這樣的處境，年輕人深深感到當中的焦慮。

科技以外的未來

這一代年輕人被稱為「網絡原住民」，即是網絡是他們生活的一部分。他們對網絡的熟悉，都是超出上幾代人的，彷彿未來仍遭科技領着走。然而，細察有關未來的討論時，除了科技以外，另一種文化、趨勢也因着回應時代的需要而漸漸成形、產生，這就是一種回歸人性的組織、羣體，一種鼓勵協作共享共生的文化。

自 2012 年，朴元淳成為南韓首爾市長，決心把首爾打造為全球首個共享城市。所謂共享城市，就是藉着開放、分享城市中的資源及空間，讓市民能互惠共享。共享城市期望市民作為城市中一員，能夠從下而上共同創造，讓城市的生活模式變得健康、環保，並且是可持續發展的。

要在多變的環境中找到出路，不是跟隨環境不斷轉變。與其被外面的浪潮牽着走，倒不如好好發展自己，好好發掘、發展我們內裏擁有的，還是能找到自己當走的路。外面愈是多變，路也應該愈多，但不是所有路都適合我們走。怎樣尋路，甚至創路呢？或許起點，就是給自己找到定位。

勇於選擇自己的路

給自己定位，就是在眾多可能中做選擇，意味着有所放下。所以，找到自己定位就是一個選擇與放下的學問，而選擇與放下的核心，是了解自己、認知自己的限制。故此，先要對自己有敏銳的眼光，清澈的認識，也要有安然接納自己的豁達，以及勇於割捨的撇脱。善於選擇，勇於放下，才有真正的定位。

定位，是要找一個專屬自己的方向。我們在成長的過程中往往很少思想自己的方向，更多時候是「煮到埋嚟就食」。升高中要選文科、理科或商科？JUPAS報什麼科？我們少從志向選擇，多是看看要好的同學選什麼，又或看看自己的成績可以選什麼，又或看看哪些科不喜歡。

定位，也是我們期望未來的自己是怎樣的；我們希望日後成為怎樣的大人呢？想像未來的自己，是對自己的期盼；唯有對自己有期盼，我們才有動力及自信，讓自己成長、進步。不要好高騖遠；不要不切實際。按着對自己的充分了解，再作出想像；未來，總是源自過去與現在的。整理過去與現在，便能給自己找到一個具體定位。

雖然世界轉變得很快，不過我們的世界也能變得更大。要是我們不知道自己要往何處走，只會在大海中迷失。好好認識身處的世界，了解自己身處的位置，才能為自己找一個定位。

世界急劇的變化，汰弱留強。這種説法告訴我們，世界好像每時每刻都要淘汰人。不想被淘汰，就只有變強變大。只是另一個世界觀告訴我們，萬物在世界中都有定位，並不是單單以強弱劃分。微小如螞蟻，還是在世界中有其角色，唯有好好履行天職，世界才會美好。

生命不是一場偶然。我們找到定位，從而進步、進深，不怕被淘汰，也不為要淘汰人。活出自己角色，好叫世界因我們而有所不同。

定位，是認識自己，期許未來！

20 歲就會決定一切？

有人說 20 幾歲就要定位，一入文職深似海，以後就只能一世坐寫字樓，真的是這樣嗎？

阿強在選擇職業上，經常思前想後，猶豫不決。畢業頭一年，他換了五、六份工作。最近，總算稍為穩定下來，在一間老牌大公司當文職，但眼見部門許多同事，多年來做着同樣的工作，不禁想像自己的未來，也有可能「一世坐寫字樓」。「一世」這兩個字，有如緊箍咒，叫阿強蠢蠢欲動……

常言道：男怕入錯行，女怕嫁錯郎。傳統智慧告訴我們要小心選擇職業，儘早入行，有了穩定的工作，就可以循序漸進步步高陞。今天的 Now Generation 在選擇工作時，有近 40% 人表示更看重意義和經歷，不希望被單一、單調的工作所限制，錯過其他實現理想和增進見識的機會。

那邊廂，全球勞工市場急促轉變，哪怕年輕人真的願意順着企業階梯，一路往上爬，現實似乎並非一帆風順。新一代過渡進入職場的歷程，實在比從前複雜及漫長。

一般人初進職場年約 18 至 25 歲，有的甚或延至 30 歲，有人稱這階段為 Emerging Adulthood（轉成年人）。研究表示，他們無論在職業、關係及感情等很多方面，都在摸索，容易感到患得患失，舉棋不定，以致做決定時，翻來覆去。在這個轉折期，年輕人會比較強調個人經驗和得失，予人自我、不定性的印象。

現任 Facebook 營運長雪柔．桑德伯格（Sheryl Sandberg），形容現代職業生涯是方格架（jungle gym）。我們不可能好像從前那樣，將職涯規劃看作單純的「階梯」，只要踏對了，就會步步高陞。事實上，楷梯同時限制人的行動，要麼向上發展，要麼往下退；要麼靜止，要麼跌下來，而方格架則容許我們在追求夢想之餘，容許不同的軌迹交錯，衍生更多的可能性。

我們在爬方架格

這種形態尤其適用於就業初期及轉工階段，因為它能給人提供更廣闊的視野。桑德伯格建議大家在不停嘗試和工作過程中，需要同時確立兩種目標：長遠的夢想和 18 個月的短期目標。長遠的夢想能夠反映一個人大致的發展方向，而 18 個月的短期目標則是思考自己能夠為公司和團隊帶來什麼，從而為自己設定有關學習的新目標。

有些企業喜歡制定五年規劃，為團隊提供較長遠但明確的藍圖。我想無論是 18 個月或中期五年計劃，都可以幫助我們檢視工作與個人發展之間的配合與步伐，並一路調整，慢慢畫出一條更清晰的路徑。

規劃要 SMART

設定中短期目標，我們可借用 SMART 的原則、框架：

- **S**pecific（有焦點）
- **M**easurable（具體化）
- **A**ction（付諸行動）

- **R**ealistic（可達到）
- **T**ime Bound（時間性）

任何目標都應該按着對自己的認識，對職志的期望，並對市場的了解，不時調校。並且，不要害怕跟不上，也不怕走彎路，因為彎路只會叫我們更加靈活，更紮實地成長；反之最怕是失去方向。

回頭一看，我也曾經歷職涯第一個五年計劃。我首份全職工作，是任職一所華資銀行的人才資源部。為了增進專業知識，我在第一、二年積極修讀有關課程。過了一段日子，工作上了軌道，希望體驗不同文化，擴闊視野，遂轉到跨國公司。我在一家美國企業工作，真的開了眼界，也讓我測試一下自己的能力。不久，我發現公司未能提供具體的發展機會，而當時仍想深化經驗，在專業上更上一層樓，就決定再次向外尋求機會……

就這樣，我成功轉去一所電訊公司，一待 10 年。當時電訊業開放市場，互聯網的誕生，造就了許多學習、晉升的機會，而我的前公司，因着科技轉型，本來主力的生產半導體（semiconductor）業務，反逐漸式微。

年輕人對開創新事物往往較成年人靈活和有彈性，也認為未來充滿可能性，造就了寶貴的冒險精神。但願僱主面對新世代時，能夠保持一份開放的態度。另外，也認識不少青年渴望在主流商業外打出一片天，但少不免受制於香港經濟單一發展、資源及地方匱乏。或許，我們要持續爭取一個更公平多元的社會，給予不同行業、青年多一點生存及孕育的空間。

生涯不是一成不變的路，我們可以靈活創路。

理想與生活，應該如何取捨？

工作數年，人工仍追不上市價。家人、親友有微言；朋友、老師也常絮絮叨叨。與老師聚會吃頓下午茶，甚至以「你很窮！」作原因，不容許我請客，心中有種說不出的難過。理想與生活，難於取捨。或許我要為理想定下限期……面對現實吧？

我認識一位年輕人，高中時以驕人成績考進大學，修讀精算，卻漸漸發現自己熱衷文化工作，畢業後毅然放下商界的高薪厚職，加入一所民間藝術機構。我問他可有感受到經濟上的壓力？他抽一下肩膀說：「現在倒沒有什麼，但再過幾年，看到同學們紛紛買車置業，到時候說不定會覺得有些落寞喇！」講完了，他一臉笑容趕上班。

一份理想的工作不一定是低收入的。我想說的是究竟哪一項較重要？工作單是維生的工具，還是實踐個人的願景？這是我們在選擇工作時，往往要面對的問題。

從工作賺取收入，在生活上自給自足，畢竟是一個成長的記號。

2013 年，美國的 Gallup 調查報告，發現只有 13% 的在職者滿意或者投入他們的工作，有 60% 的人感覺抽離，甚至覺得不快樂。這樣看來，足夠的生計又不等同獲得生活的滿足感，正如文首提及的男生，投身文化工作已好幾年，至今仍然樂此不疲。再看看身邊的朋友，每次聊到職場生涯，大部分不是苦笑就是一臉無奈……

有一條路叫使命

話説當年，我拿着心理學學位，只要多唸一年就可以取得社會工作學位。那刻，我覺得自己喜歡做與人有關的工作，又未完全掌握是否一定投身傳統的社會服務？於是，決定暫停一下，後來就進入了人事管理這個專業。

剛入職的時候，遇到很多新事新人，實在大開眼界，充滿好奇。但是，過了幾個月，都是逃不過周而復始、刻板的工作；而人事工作往往牽涉很多煩人煩事，好奇轉眼變為厭倦。經過日子磨練，我慢慢意識我服務對象是「人」、是「生命」，而非一件「事」、一個個的「問題」，才能夠轉化心態，走出枯燥，開始帶着靈魂上班，不再一味盲從苦幹，或盲目追求卓越。

那時，我學習盡力了解同事和公司的需要。在能力範圍內，做到以人為本，與公司並肩作戰，創造最大的價值。我漸次萌生一種使命感，在這價值鍛練中，我的角色是幫助別人，尤其為初入職的同事創路；對在職的同事，就是製造機會給他們成長、發揮。當年業務競爭劇烈，經常加班，但看見同事、公司的發展，就不嫌辛苦，熱衷地投入工作。

後來，加入一家大機構，環境穩定，工作也蠻順利的，唯隨着市場開放競爭，業務面臨重大挑戰。在商言商，生存是大道理，一連串改組、轉型在所難免，說到底就是「瘦身」「裁員」！我作為 HR，面對這些商業決定，即使合法合理，情感上卻有很多掙扎。我雖繼續盡力把事情做好，但一段時間下來，作為管理階層的我，愈來愈發覺自己的價值觀與公司追逐的背道而馳，我不禁重新檢視自己的職涯。

原來，「理想工作」對我來說，是實現一些我所信守的價值，在通過建立「人性化」的工作間，讓生命得以發揮，而不是「非人化」地追求成功！真的，理想工作不一定是薪高糧準工時短，但是會反映你的人生目標，帶給你內心最大的滿足。

經過一段狹縫中的日子，我決定離職加入非牟利機構「突破」，這已是後話。

真的有理想工作？

話説回來，這不是一個完美的世界，就算多麼有意義的工作，也會有沉悶、困難的時候。哈佛大學醫學院心理學家 Susan David 在 *Emotional Agility: Get Unstuck, Embrace Change, and Thrive in Work and Life* 提出一個方法，就是透過「擰動」或「塑造」你的工作（tweak your job 或 job crafting），找出並放大最可以增加你投入感的板塊。

曾有一位同事，日復日地埋頭苦幹，好像永無止境。她熱愛綠色生活，週末以農耕為樂。後來，她決定在公司推動「天台種植」，同事們紛紛響應，儼如機構的環保大使，這樣帶給她額外的動力，也為日常工作平添了幾分新意。

正所謂 our core values, our most important goal，要是工作與我們的價值長期切割，只會帶來負面的影響。對新入職場的你來説，工作並非只是為了餬口，或成為發揮生命的限制與束縛。但願我們在自己的位置上創造價值，並且讓別人因你而獲得祝福，甚至讓社會因你變得更好（社會價值）。

我邀請大家探索工作及生活的熱情和意義。縱然不能不顧現實，但失掉理想，就會「窮得只有錢」，我衷心希望，這不是你我的寫照。

工作並非只是為了餬口，
但願我們都在自己的位置上創造價值，
讓別人獲得祝福。

什麼工作都試先夠闊？

20 歲出頭剛畢業，還未掌握人生方向和喜好。能否打數份 part-time 或做 freelance，試試不同行業及工種？可是頻頻轉工或「打散」，CV「唔靚仔」，既要花時間應對旁人的閒言閒語，又要顧及社會、僱主和家人的想法，使我身心俱疲……

年輕友人剛上班不久，就嚷着離職。我問他為什麼急於轉工？他說：「這本來就不是我理想的工作，當時沒有其他 offer，姑且『騎牛搵馬』！幾個月下來，都是適應不了，就索性不幹。」我苦口婆心說：「若你早知不能接受這份工作，倒不如不要答應，這樣不單花了自己時間，也浪費對方的時間啊……」

坊間常常把新生代的印象，跟經常「轉工」（job hopping）拉上關係。但是，根據美國長期統計 18 至 25

歲的就業情況，竟發現戰後一代（介乎 50 至 55 歲）與現時 25 歲的一代，前者平均轉換工作 5.5 次，後者為 6.3 次。換句話説，兩代之間分別不大。雖然彼此考量的因素可能各有不同，但數據反映從學校過渡職場，從青年過渡成年人世界的探索期（exploration）的特徵。

近年，現代企業甚至公營機構，開始以大量短期合約、外判、自由工作者等，顛覆了二十世紀的工作及合作模式。青年物色全職工作或長期職位，遠比上一代困難。全球進入新興經濟體，有人稱之為 gig economy。有一個研究（Intuit）指出，到了 2020 年，美國將近 40% 就業人士會成為自由工作者。現在的香港約有 20 萬至 30 萬人從事合約工、臨時工及短期工，在 370 萬打工仔中佔 7%，究竟這是他們的選擇，還是現實使然？

另一方面，年輕人的價值觀也出現很大變化。他們看重生活質素和意義，興趣十分廣泛，不甘「一工在手」。他們希望能寓興趣於工作，促成所謂 slash 的一代。Zipcar 的創辦人 Robin Chase 曾預測：「我的父親一生只有一份工作。我整個職業生涯則做過六份工作，而我的孩子將會同時有六份工作！」

在網絡時代，講求跨界協作，每一個行業都在整合，相互滲透，不同的工作內容能彼此扣連，或互相配合，是大趨勢。故此，年輕人須具備一定的「闊度」，才可以跨界溝通。但是，若要轉化和實現新的價值、模式，卻必須通過深耕細作，才能經得起考驗，提供深度的革新。

職業的手法與心法

起初我投身人力資源工作，以為都是離不開請人炒人、計數出糧，很快發現原來別有洞天，涵蓋的包括員工關係、組織發展、機構文化、人才培訓、薪酬管理等等不同範疇。每一項都有它的功能和原則。因此，我入職初期很積極進修一些人事管理課程，希望在短時間內建立專業的理論基礎。

不過，在課堂上得到的大都是書本上的知識，實際工作卻牽涉很多「人」的元素，必須通過長時間操作、實際體驗，才能掌握其中的精髓。要真正掌握有關功能(mastery of skills)，做到活學活用，得心應手。同時，我經常不恥下問，向身邊的「大師」偷師，汲取人家豐富的經驗，逐步建構和整合自己的經驗，進而提升和深化工作帶來的影響和意義。

暢銷作家麥爾坎・葛拉威爾（Malcolm Gladwell）

在《異數：超凡與平凡的界線在哪裏？》(*Outliers: The Story of Success*) 中提出一個論點，就是一個人的成功往往不是出於偶然或單憑一己的努力，而是有賴文化、社會的因素相互配合。我們能控制並有決定性作用的，就是那著名的「一萬小時定律」。例如 Bill Gates 在大學第二年開創 Microsoft 時，就已經寫了一萬個小時的程式。一萬小時大概是五到十年的練習，對於 20 來歲的年輕人來說，這簡直不可思義。但要達到「成功」，恆心和努力是不可或缺的！

這樣看來，我們又要回到找出自己的職業人生路向的前提。哲學家齊克果（Søren Kierkegaard）提出，人有兩類活動，一種是圍繞一個核心的活動，另一種是無核心活動，後者等於沒有方向，生活忙亂，猶如無根浮萍，只是一連串勞勞碌碌。反之，若我們的活動能聚焦於一個信念、目標，工作即使疲累，還是蠻有動力，是信念的力量，讓我們堅持下去。

無論如何，在今天的處境或探索期，年輕人的視野和經驗都需要擁有一定的闊度，不要流於表面、膚淺。我們不一定能成為通才，但也盡可能一專多才，建立起工作的深度。所謂深度就是結合知識、技巧和經驗，融會貫通應用於生活和工作上，讓世界變得更美好，締造一個有意義和價值的人生。

什麼都試是擴闊視野，
專攻與投入就是做得夠深！

去 working holiday 是常識！

很多人說，離開原有崗位去一兩年 working holiday，對 career path 影響很大，但我真的希望可以出外見識，而不是老坐在辦公室裏朝九晚六，又或日復日加班。

與一些準畢業生傾談，總感到他們帶着迷惘，對前景不敢抱太多想法。與上一代不同，這一代對工作的看法，不再單以建立人生志業與家庭為目標；不少人甚至選擇打一份短工，儲一點錢後，便申請工作假期，在外地體驗生活。

上一代人出國，多數是升學，或舉家移民，在當地探索發展空間，展開新的生活；否則，畢業後就回港工作。不論出國，抑或回港，都是朝向為未來作最好準備，追求較為長遠與穩定的工作，是中國人對成家立室及安居樂業的傳統觀念。

這一代對工作與未來的想法，截然不同。在他們的眼裏，工作只是生活的一部分，只是為生活，未必全然與未來緊扣。他們重視的是，工作中人與人的關係，不大介意短期工作崗位的高低；真正追求的是，在生活/工作中發展興趣、對世界有更多探索，喜歡體驗不同文化。

他們對工作的概念較彈性，未必會作長遠計劃，也未必以找一份志業（長工）為目標，喜歡過較自主的生活模式，擁有更多自由空間。打工有時只是為裝備自己，為其他目標作準備。

曾與一位年輕人傾談，他不想放下讀書時候與一班志同道合朋友參與的cosplay活動，故畢業後只做兼職，空餘時間繼續他的興趣。對他來説，悉心打造cosplay的造型，才是「正職」。

有不少年輕人在30歲以前，下定決心，勇敢闖一次，迎向不知的未來，去外地參與工作假期。這是一個很好的人生體驗旅程，也能為未來打造一份不一樣的工作履歷。出走一趟除能擴闊我們的眼界，鍛練獨立生活和解難能力外，在一個不熟悉的環境裏，面對新羣體、新事物和新環境，説不定能重新觸摸到真正的自己、認清自己的人生方向與承載能力，從大世界中再看小世界的人生定位，讓生命邁向成熟。

到哪裏也能建立事業

近年有很多機會到不同地方了解年輕人對工作的想法。他們很多都在外地轉了幾圈以後，再回歸自己的出生地，外地的打工經驗拉闊對一生志業的思考，讓他們重新定義何謂工作，何謂社區。

有一次，在台灣遇到一個 30 多歲的香港青年。他是個孤兒，形容自己是一個讀不成書的少年人，夢想是去世界各地流浪。然而，他尚未走遍全世界，卻選擇留在台灣，出了本旅行書。在小城鄉中推展鄉土文化，成了他的使命和意義。

要是你今天開步出走，懷抱的多數是自己的未來，不妨考慮懷抱多一份土生土長的根與情。或許你看世界的闊度與深度會不一樣；有日，甚至為自己的工作、社區帶來一些創新點子。

鍛練職志，不只在家，在外也可以！

日復日做着同樣的工作，好悶

一直不知自己是否適合文職工作，上班一星期多，已覺得工作很刻板。重重複複，濕濕碎碎，令人煩厭，而辦公空間的圍牆與同事的冷漠對待，也令我忍受不了……工作場景的實況與我的想像有很大出入……每天上班都提不起勁，鬧鐘響，也不想起牀，我想辭職……

常聽見剛畢業出來打工的人，總是把工作刻板、同事冷漠、對工作提不起勁而打算辭職之類的說話掛在嘴邊。每當三五知己聚首，就喋喋不休分享工作苦況。只要用心聆聽，不難發現埋怨出於對工作及同事的期盼，希望追求一個理想的工作環境，發揮所長，與工作夥伴建立良好關係。這不就是鼓勵我們在工作上前行的一份微小動力嗎？

我們容易因外在環境或自身喜惡，判斷這份工作是否繼續做下去。這是依循個人感受，也是對自己「真誠」的一種選擇態度。然而，單從個人出發，沒法認清工作的真義。

打破悶蛋的練習

刻板又重複的工作，總讓人覺得沉悶，但也可視之為挑戰。表面看來單調的工作，看似沒有什麼學習的地方，但你用心一問：面對這些不起眼或不喜歡的工作，自己有沒有一種管理自我的能耐，能夠調整自我的工作心態，克制個人情緒？這是對生命質素的考驗與鍛練。

這些沉悶的經歷會使你發現生命的特質，慢慢被磨練得成熟；而這或許能激發創意，成為我們生活與工作的原動力。正因不想繼續悶下去，便開始動動腦袋，搞搞新意思。有時創意能激發新的工序，新的共事文化，打破同事間的圍牆，帶來新鮮感。

根據台灣勞動部 2015 年進行的「企業最愛新鮮人大調查」，企業最佳員工應具備的質素，首三項分別為「自我管理能力」、「溝通協調能力」及「專業技術能力」，而 60% 的受訪企業會以「積極主動的學習態度」和「獨力完成指派工作」評估員工試用期的表現。同時，他們認為新職員最需要提升的能力是「積極學習態度」及「工作的穩定性」。這結果也值得香港的新鮮人借鑑。

賦予工作新意義

工作是否沉悶，有時在乎自己以怎樣的心態面對。認識一位少年人，在酒店中實習，日日負責清洗叉子，曾為此厭煩得發瘋。有一天，他發現這工作的背後，代表對每位客人的接待。他為清洗工作賦予新的意義，也改變了自己的思維。雖然工作依然沉悶，但領悟不同，效果也大不同。

有時候，我們的抱怨是未能認清實況，不妨多給予自己一點時間，認識工作內容，了解同事性格，也讓上司與同事認識你的真正實力，有助互相調整合作方式。

沒有一份工作能全然滿足自己的喜好，總是趣味與沉悶並存，有些部分是喜歡的，也有一些不喜歡的。面對沉悶的工作，你有耐性與它共事嗎？鍛練堅持、包容，能給你生命成長跨一大步。

打破大悶蛋，鍛練能耐與智慧，

成為工作達人！

工作一定難頂？

同事總是把惡頂的客人分給我、爛攤子留給我、豬頭骨推給我……身為公司的小薯不想再硬啃，我想Say NO！

初出茅廬的他，常常被要求加班，上司總是拋下一句：「我係塞錢入你袋！」當他回到家「呻」一下，父親永遠劈頭一句：「後生仔不要怕辛苦，工作等於學習，得益的係自己！」

初入職場，處身大公司的低層，常常有一種小薯的感覺。作為新丁，面對陌生的工作，或要硬接一些燙手的任務，通常會落入兩個結果，一是拖延，一是逃避。

拖延，因眼前的作業很難做。難做，可能來自缺乏知識、經驗或動力，於是產生不安，而不安使人耍廢（拖延）。可惜，拖延只會把問題推遲，於事無補。一旦死線（deadline）殺到，唯有草草了事，帶來負面結果，因而造成更大壓力。其實，只要採用適當的對策，問題還是可以迎刃而解。

化惡搞為從容

1. 大事化小、化整為零（Breaking into smaller tasks）

沒錯，第一個要訣就是「拆解」。應付複雜的任務，首要是先將它細分成不同的小任務，然後清楚具體羅列，再逐一處理。由於每個部分相對簡單，可以在短時間內完成，從中獲得滿足感，增加原動力。

這樣做還有一個好處，就是在漫長、繁複的過程中，萬一被其他事情打斷，因項目被劃分成小板塊，反而有助工序規範化，將不同步驟銜接。處理大型項目也是一樣，有所謂 early wins 或 easy wins，意思就是先處理一些較輕易的部分，累積成果，也累積邁向目標的信心。

2. 踏出第一步（Taking the first step）

我們面對眼前不想做的事情，最困難莫過於踏出第一步，尤其對於沒有把握的事情，更加會思前想後，裹足不前。記得當年參與部門改組，雖然已計劃了一段時間，我和同事仍感到患得患失，實施日子一拖再拖。當時主管做了個比喻，說大家一味練習拉弓，卻從不將箭射出，又怎知道離開目標有多遠？我經常以此提醒自己，工作必須向前推進，重要是先踏出一步，其他事就會自然而然地發生。

3. 蒐集資訊、模擬體驗（Simulating real life situations）

首次接觸的東西，由於沒有把握，最容易引起不安和焦慮。所以，對於不熟悉的工作，我總設法向一些有經驗的同事請教，或多做一點資料搜集，希望能找到入手的竅門。若工作牽涉一些場景，例如見客、做匯報等等，我們可嘗試透過角色扮演、實地綵排，熟習環境這些前期熱身活動，有助臨場發揮。

4. 作最壞的打算 (Hoping for the best)

西方諺語説得好：let's hope for the best and prepare for the worst（作最好的期望，並最壞的打算）。在沒有十足把握的事情上，採取審慎樂觀的態度，有助我們平衡心態，避免不安的情緒過度膨脹。

想像和現實經常大相逕庭，但不要忘記 thinking is sometimes worse than doing，意思是實際做沒有想像中困難。我們可以自我提醒，無論結果如何，沒有一樣比交白卷更壞，徒然失去改善、學習的機會。

教育家 Charles Swindoll 曾經講過：Life is 10% what happens to you, and 90% how you react to it.（遭遇佔你的人生 10%，其餘 90% 在乎你怎樣回應）。

這樣看來，事件或遭遇本身不一定構成最大的難題，最重要的是我們如何回應、處理。絕大部分時候，外在的人和事不是我們所能控制，可以掌握的唯有個人心境和努力。正所謂態度決定高度，遇到棘手的工作，可參考以上的方法，不要被無力感支配，只要平心靜氣，難題總能逐一迎刃而解。

面對問題，做好部署，不難輕鬆應對。

增值究竟增什麼？

今天，社會常把「成功」、「賺錢」、「效率」等能力與價值相連，我們這種職場新丁，也要以此為目標！不斷為自己的人生履歷表添加價值，朝向社會大多數人所定義的成功奮鬥。

約翰·麥斯威爾（John C. Maxwell）在《成功是不夠的，還需要卓越》（*The Journey from Success to Significance*）一書中提及：Success is when I add the value to myself, significance is when I add the value to others。

人們說追求成功時，往往是為自己的好處，而從成功邁向意義，就是超越自己的益處，讓別人得益。這句話讓我們思考真正的成就，究竟是建基於一己的成功，還是可為別人帶來祝福？

小時候，父親的上司和徒弟常常到我家，他們對父親充滿感激，對我們很好。那時不太明解，但漸漸長大，從母親口中得知，父親總為別人着想，幫助他們渡過工作的危機；朋友失業的日子，給他們介紹工作，和他們一起打拚。後來，在父親的喪禮上，很多友人前來悼念，我深深感受他對工作的認真與努力、對朋友的付出與幫助、對家庭的承擔與負責。他在別人眼中或者不能算是成功，但他卻為別人帶來益處與祝福。

成功的定義是什麼呢？若然成功只是為自己增添財富，而沒有對自己的人生，又或社會賦予更多的意義，又有什麼意思呢？若我們單單朝向個人目標與成功進發，很容易忘記自己不過是砌圖中的一小塊，很容易在職場上迷失；若能懷着對別人有益的想法，就能提醒自己工作的意義，也能不自我，不自私。

今天是一個 co-working 的時代。上司不只着眼於個人能力。不少公司的管理層都會鼓勵員工參與社區活動，除了為公司建立健康形象，也相信社區體驗能延續工作生涯的長度，為員工加添彼此關愛的能量。你能為別人及公司帶來更大的成就與意義嗎？

成為優質米

有一年暑假，我與一班準職場新丁往台灣走一趟，進入另類的職場空間，拉闊他們對生活、職場的視野，探索工作的意義，也嘗試尋索對未來人生方向的啟迪。

池上是台東一個鄉鎮，出產稻米。他們對自己的出產，有着嚴謹的要求與標準，故此當地人對自己所持守的品質有一份執著與自豪。他們盡心、盡意、盡力付出，不滿足於眼前的成功，以不斷改進的心與卓越的態度對待這個志業。

全心享受流汗而來的滿足與喜樂，關懷社區的鄰舍，共同擁有這份美滿成果，連小事都做得盡善盡美。回想他們接待我們的過程，也是本着這份精神，樂意與我們共享收成。池上人能從成功走向意義，不單出產全台最優質的米，也延伸了「意義」的內涵。

小社區、小農民所持定的工作價值與意義，或許是我們在職場所期待那份待人處事的初心，這讓我想起耶穌實踐志業的價值：「非以役人，乃役於人」，為的是成就別人生命的意義。無論你是職場新丁或老手，這也可以成為你的工作價值。

工作要出人頭地，更要對人有意義！

小結：下流社會上流人

日本社會學家三浦展於其 2006 年的著作《下流社會:新社會階級的出現》中提出了「下流社會」一詞。

他在書內一語道破了「下流社會」的形成背景：「現在的年輕一代面臨就職難的困境，好不容易有了工作，加班又成了家常便飯，真可謂苦不堪言。面對職業、婚姻等方面的競爭壓力，不少人選擇不做事業和家庭的中流砥柱，而心甘情願將自己歸入『下流社會』的行列。」

所謂的下流有兩種：

1. 有形的下流

新一代缺乏跟上一代比併的競爭力，無法找尋理想的工作，無法向上流動，最終無法安定生活。2014 年聯合國旗下的國際勞工組織也宣告社會出現一種「青年薪資折扣」(youth wage discount) 的趨勢，也就是青年的薪資比成人薪資較少。

2. 無形的下流

新一代缺乏上流力，因而沮喪，甚至失去戰鬥力和上進心，更可悲的是，生命的目標和積極性也逐漸下降。

我曾遇過一個日本青年。我對他說，香港的青年面對類似日本的經濟不景，患上不能上流的頑疾，令他們對將來無法抱持一絲希望。我問他日本青年如何面對？

他說，日本的青年人接受了。他們的人生主要追求穩定（stability），而不是上位和名成利就；於是，選擇做一些比較普通，甚至藍領的工作。這與香港的主流價值那種「賺到盡」、「要上位」的心態截然不同。

或許這是他們經歷了三十多年經濟下滑後而得的態度。或者他們不再追求從前所定義的成功，反而轉向追求物質層面以外的心靈滿足，例如，喜好、興趣和消遣等事物，變成了心靈上流人。

工作是物質和非物質的總和。上流力除了是實質的職業流動，也是一種生命的昇華，包括內在力量和價值觀的提升。工作上的衝擊可以視為生命的歷練，看清置身的世途和社會，讓你更認識自己，選擇一條合乎個人目標和價值觀的路；在忙碌和辛勞中，找到一套真正適合自己的生活節奏，獲取真正的快樂。

二、搵工難過搵……

創路新手心聲

Kitty Chan

找工作時，我發現原來自己的語文水平不足，唯有找朋友幫忙教導同指導我。

莊韶賢

發現自己無目標，什麼工作，什麼行業都想做，都想試。當時用了漁翁撒網的方法找工作，務求有面試機會。其後發現自己喜歡對客的工作，便主要找有關客戶服務的工作。

陳偉成

找工作時，發現自己的技能少得可憐，不懂得表達、自信心低。但經過了好朋友開解鼓勵、同行，收到了兩間學校電話接見，最後獲其中一間成功聘請。

顧建輝

人愈來愈大，的確有些想法會有所改變。過去找工作是比較多按興趣，較少看薪水，但建立家庭後，不得不「現實」點。不過，基於在師徒創路學堂所學的價值觀，畫下些底線，讓我不會考慮某些工作。

找工作時對自己的發現是，自己的限制愈來愈大，夢想的工作不一定能提供足夠薪水。而我暫時的對應方法是，做一份人工較高，時間較彈性的工作，工餘時的「空間」再來回應夢想的呼召。

最重要的第一步

市面上充斥各種各樣的招聘廣告。一個剛畢業的新人，未清楚自己的人生方向，該怎樣選擇第一份工作？又如何在起步奠定未來的基礎？

「恭喜你！畢業了！無論你是否清楚知道自己接下來要往哪裏，抑或對前途有點迷惘。未來，都有一個超大的驚喜正在等着你。畢業，是人生中比較棘手的轉捩點。學校生活的架構分明，預期明確；現實世界則比較難優遊自在。你與朋友即將各奔東西，你所學的技能也不見得都能應用在職場上。你踏入社會之後，不禁納悶自己是否做對了選擇，你希望能有更多機會……」

以上一段話出自Facebook營運長雪柔．桑德伯格的著作《給社會新鮮人的挺身而進》（*Lean In for*

Graduates)，文中隱隱道出不少畢業生的心聲，面對前路的迷惘，究竟怎樣踏出第一步？

很喜歡一句話：It's excellent to succeed. It's good to try. It's okay to fail.（成功是可喜的。嘗試是可嘉的，失敗是可以的）。尤是當世界往往要求年輕人一步到位；就業的，則希望一拍即合。這句話提醒我們，自古成功在嘗試，沒有冒險和失敗，也不會有成功！

邁向成功前的準備

其實，何謂成功呢？長久以來，成功總是與智商、教育程度、職業類別或收入畫上等號，以致成功的定義狹窄而單一，彷彿只是少數人的專利。

社會給我們的觀念是，你必須想盡辦法，贏在起跑線，才有機會邁向成功。選擇一條眾人認同的路不一定錯，但我們必須聆聽自己內心的聲音，發現自己在社羣、在世界的位置，它們才是我們真正的導航。

面對經濟的周期、轉型，本地以至全球市場瞬息萬變，畢業生物色工作，常會感到無所適從。若先做好這兩方面的準備，或許有助作出選擇：

1. 從個人開始，聆聽自己內心的聲音

認識自己的興趣、性情與技能，可透過問卷、實習體驗，加上職業輔導員或別人的反饋，找出比較適合自己的職業類別。

2. 考慮當下，甚或未來的處境

嘗試了解有興趣行業、工種的發展、需求，再與個人條件比對，自然有助收窄考慮的範圍，幫助我們較容易篩選。

工作是一連串的篩選

我從校園到職場的歷程充滿着不確定性。在中學時，我已十分肯定自己並非理科人；到了大學選科，不想走純文學的方向，只剩下人文科學類，在沒有太多選擇下，決定主修心理學。雖説那也是我的興趣，但過程是by elimination，不至於無奈，卻有種「被動」的感覺。

正是這種感覺，促使我畢業時，立志成為別人及世界的祝福（blessing），希望從被動轉為主動，一種心態的改變。行動上我盡情投入，不時檢視自己的工作人

生，免得歲月蹉跎，這是我嚮往的價值，換句話說也變成我的目標。

當年職業輔導未成氣候，幸好我也不恥下問，請教一位師長有關就業的各種問題。是她的提點，讓我選擇走上人力資源管理的路。入職後大半年，部分時間進修人事管理課程，晉身專業人員行列。

作為大專畢業生，自然希望找到與學科有關的工作。但根據美國人口調查局（US Bureau of the Census）在 2010 年的統計，只有 27% 畢業生可從事與主修科相關的工作。

以桑德伯格為例，她畢業比互聯網（World Wide Web）出現還早兩個月，從沒有想過投身高科技行業，更遑論從事什麼社交媒體。其實，很多成功人士在就業初段，都做過一些與本科不相關或不同種類的工作。這反而有助他們不斷改善自己，開闊眼界。

又如《哈利波特》作者 J.K. 羅琳（J. K. Rowling），第一份職業是英文老師；星巴克（Starbucks）的老闆一開始時，主要是推銷影印機。但無論語文能力的鍛練，或累積銷售的經驗，只要抱着學習、冒險的精神，就可以更開放地面對前路！

所以，你不但要認識自己的興趣、能力，更應擴大思考，靈活改變求職策略。香港近年提倡生涯規劃教育，某程度回應了這方面的需要，就是透過了解自己，加上別人經驗和市場資訊，全面認識升學和就業的機會，找出當下最適合的出路。

但願我們能夠反轉思維，重新定義成功，在嘗試中，享受屬於你的生涯路。跨出第一步，別老是想着一次攻頂。我相信，每個人都擁有獨一無二的路徑，不用比較，專心走好自己前面的每一步就好了！

不要怕跨出第一步，
之後還有許多步可以走。

履歷有段空白期……

畢業快半年了，不少同學也找到合適的工作，反觀自己還是原地踏步。與其失業呆在家，我該試試其他工種嗎？但又擔心回不了頭，對前景感到憂慮。

卡耐基（Dale Carnegie）曾說：「長期不動容易滋生恐懼與懷疑，行動卻衍生信心和勇氣。若你要克服恐懼，不要乾坐着想，起來做事吧！」（Inaction breeds fear and doubt. Action breeds confidence and courage. If you want to conquer fear, do not sit home and think about it. Go out and get busy.）

一般來說，僱主對於履歷上的空白期，總是抱着一副懷疑的眼光，格外關注。畢業後，若漫無目的地，賦閑在家太久，難免會影響觀感，也會慢慢消磨個人求職的動力。但有時候，社會大環境讓你不得不面對現實，從一些非理想的工作開始，或接受低於個人能力 / 技術（underemployment）的職位，這樣做會否影響未來的職業進程，或「自貶身價」？

履歷上的空白不等於生活空白

有一位大專生，為填補空檔，畢業後隨便找一份零售職位。由於不符個人興趣，對工作很難投入，在極短時間內轉換好幾間商店。雖然他一直工作，但頻密的轉動，反給人一種迷失的印象，久而久之，連自己建構職業生涯的動力也愈來愈低，目標也變得模糊。

有一個研究證實，一般人處於低度就業的話，他們會比友羣，甚至比失業的人，顯得更抑悶和消沉。這不等於説失業更為上算。歸根結底，保持長期動力並有建設性地看待每一份工作，是最需要堅持的一環。無論是低度就業或義務工作，都可以累積經驗，成為建立個人身分的資本（identity capital），好像砌積木一樣。

提出這個觀點的臨牀心理學家 Meg Jay，是 *The Defining Decade: Why Your Twenties Matter — And How to Make the Most of Them Now* 的作者。大學畢業後，她計劃繼續升學，卻加入了 Outward Bound 當教

練，在那裏遇到各種人和事。這份原先打算只幹一、兩年的工作，最後待了四個年頭。

後來，當她決定報讀研究院，自覺過去幾年的野外工作與心理學風馬牛不相及，唯有徹夜惡補。到了面試當天，教授竟沒有多問學術問題，而是好奇地詢問她關於 Outward Bound 的經歷，譬如在森林迷路怎麼辦？如何看管孩子等等？

經過這件事，她領悟到每一份工作，哪怕是 stop gap work 或 filler job，都有機會轉化成一些身分資本，反映自己不同的能力、面貌，同時整合成為一些有用的經驗。所以，只要具備充分理由，哪怕花一年休耕年（gap year）作為體驗實習，也無礙你的履歷！

此外，我們也可以把握機會，尤其剛踏入職場的首幾年，專心發掘並改善個人弱項。有太多人因為迴避自己不擅長的事，而一再錯過自我改進的大好時機。

待業期的主動出擊

待業期間，請務必保持動力，大概是長期作戰的唯一竅門。通常求職最短時間也需要兩至十八星期。所以，我們不用過分焦慮，只要保持戰鬥力。同時間，要盡力貼近市場的趨勢：

- 了解行業和人力需求；
- 善用人際第一手資訊；
- 主動接觸中小型機構。

人際網絡是一個很重要的資源。他們可能是你的校友、親友，擁有最新最快的消息，例如哪裏會擴張業務，哪裏有空缺之類。

另一方面，就是主動接觸一些中小型機構。根據調查，它們的求職成功率相比大型企業為高，只因申請、篩選程序關卡比較簡單（例如人事部、決定程序等），加上應徵的人數也相對少，成功率自然較高。

隨着數碼時代、市場轉型，全球經濟風起雲湧，行業變化之大和快，前所未見。有人危言聳聽：未來五年各行各業將全面洗牌，事實或許不至於此，但這提醒我們，要開闊眼光，投資未來，而第一份工作就是儲備資源給下一個工作！

最後，在尋找工作的過程中，最重要的還是心態。千萬不要逃避，因害怕求職失敗、面試挫折，甚或為怕入錯行，而跌落耽延的陷阱。正如開首卡耐基所言，逃避是成長和改進的最大敵人。所以，切不可乾坐等着，多給自己一些行動的理由，讓身心靈保持活躍，借用阿里巴巴董事局主席馬雲的話：不要等到明天，明天太遙遠，今天就行動！

即使暫時待業，切記保持戰鬥力。

面試最重要是包裝？

畢業超過半年，寄出 200 多封求職信，之後也有一些面試的機會，可是每次面試後都收到「不予取錄」的回覆……

搵工求職，差不多是每個畢業生必經的歷程。你曾寄出多少封求職信，才獲得面試的機會？面試了幾多次，才獲得工作的機會？

曾聽一位青年人分享：「面試是一門學問。與你的學業成績優劣沒有什麼關係，重點是懂得在面試官前把自己的優點表露。還有，你懂不懂配搭衣服？你懂不懂把自己的缺點包裝成優點？懂不懂……（下刪 3000 字）」依他所言，一字記之曰：「吹」。

面試不是自吹自擂的表演

按「潮語卡」的解釋，「吹 / 吹水」是指「信口開河 / 說謊 / 自誇 / 誇大 / 自吹自擂」。然而，面試的成敗得失，真的就取決於怎樣自吹自擂？如果面試只是靠一把口，我們若不是天生的「吹水精 / 吹水怪」，也不懂得包裝自己，那怎麼辦？

有人說，面試像一齣舞台劇，要做足準備，為求在面試官前有最完美的表現。只是，為何面試這樣重要呢？

一般而言，公司透過履歷（CV）及面試挑選員工。透過應徵者寄來的履歷，公司能對應徵者的學歷、經驗有一概略的印象。只是，若僅僅依靠履歷聘用員工，或者會忽略了很多細節。透過面試，能讓未來上司、人才資源部的同事對應徵者作出最直接的判斷。故此，有些公司或者沒有筆試，卻不會省略面試的部分，可見其重要。

面試是把真實的自己呈現。很多人寫履歷或者有所隱瞞，意圖把缺點隱藏，但面試時透過對答、提問一切無所遁形。所以，面試時要包裝自己，甚至可以有適量的修飾，卻不是「信口開河 / 說謊 / 自誇 / 誇大 / 自吹自播」。一旦被發現，會令人懷疑應徵者的誠信。相反，真誠、正直總是給人正面的印象。

面試是一面鏡子

有公司管理層接受雜誌訪問時這樣形容年輕應徵者：「他們在網絡上看似什麼都行，然而一旦現真身，便變成了啞巴，不懂與人溝通。」說的是年輕人善於使用網絡，卻可能與現實社會脱節，離開網絡後便不懂與人溝通。其實，不論在哪個年代，溝通能力都是極為重要。面試中的溝通，展現了我們的表達與組織能力。當我們與別人溝通時，會不會辭不達意？會不會愈說愈亂，最後連自己也不知道自己想表達什麼？又或只說很多「好處」的話，如幾好、OK 啦、差不多……

溝通，除了是語言，也包括非語言的部分，就是身體語言、面部表情等。如果眼神閃爍不定或姿勢不正，都給人負面的印象。所以，面試過程中，一定要與面試官有眼神接觸，保持微笑及適時點頭。這些身體語言，除了讓人感到你有自信，也代表你正專心聆聽。

與面試官的對答溝通，正正反映着你的組織及表達能力。有些求職者可能轉數較快，很容易從一個話題引出很多點子，只是要有條理地表達，還是需要多多練習。例如，在路上、車站，看到不同廣告，試試在腦海裏引發什麼聯想？可以怎樣表達？

另外，閱讀也是幫助提升思考、組織、表達能力的好方法。看新聞時，應多看不同觀點的評論文章。喜歡看電影的，可讀有質素的影評，了解電影背後的思維；愛聽音樂的，也嘗試多了解音樂人創作的想法、理念。這些都是豐富我們的養分。當我們的內涵豐富了，才能在面試時呈現最佳的一面。

事實上，面試正正是讓未來上司、人才資源部同事與你溝通的機會。從對答當中，他們會知道你是不是一個有禮貌的人？是否懂得應對進退？即使面試官刁難，能否客氣回答？是否不卑不亢？會不會未聽清楚問題便急着回答，或答非所問？如果不確定問題，可以委婉的再做確認。若真是答非所問，也可說：「抱歉，我剛剛誤會了你的前一個提問。我可以藉現在補充一下嗎？其實⋯⋯」坦白承認，比死撐與亂謅更好。

說到底，面試是一面鏡子，照出我們的修養；或者，有些人擅長自吹自擂，但沒有足夠的底蘊，亂謅一通在有經驗的面試官前實在很容易露餡。修養是一生的事，急不來，唯有好好培養。

面試是關乎個人修養，
隨時好好準備和修練吧。

踏上面試這個舞台

唉，見了幾次工，仍是一到面試就很緊張。腦袋一片空白，問題就算一早預備了，也發揮不到自己應有的水平……

面試的時候，總會遇上很多突發的時刻，需要我們隨機應變。但是，踏上面試這個舞台以前，應該要好好做預備，好讓有更好的發揮。

有人或者會問，有求職者在面試前不做功課嗎？有的。曾有朋友應徵售貨員，卻不知道星期六、日需要輪班。面試前，我們應該了解將要面試的公司：他們的業務範疇是什麼？公司的文化、核心價值是怎樣的？對申請崗位的工作大概內容有沒有一定程度認識？做了功課，對公司有認識，不一定令面試官特別喜歡你；但不做功課，對公司沒有丁點認識，很容易讓面試官覺得你對工作的態度不太投入和認真。

有些問題老是常出現

事實上，有些常見問題幾乎在各大面試中都會出現，這些值得花時間準備。例如，自我介紹。這條問題多是面試官為了熱身、暖場而問；然而，這也是展現你是誰的好機會。回答不必花太長時間，兩至三分鐘就足夠。介紹時，儘量具體，不要單用很多形容詞、四字詞堆砌，如周星馳在《整蠱專家》中的簡介就是絕佳的反面教材：「我就係風靡萬千少女，改進社會風氣，刺激電影市道，提高青少年人內涵，玉樹臨風、風度翩翩的整蠱專家。」

只要講述自己的故事，藉此讓面試官認識你的特質，並與公司、工作崗位的需要配合。當你申請設計師的工作，可能分享一個有關你熱愛創作的故事；當你申請做店務員時，則分享一個有關執拾或細心表現的故事。

另一常見問題，就是介紹個人優點和缺點。我們可以把履歷上的優點再一次展現、延伸；至於缺點，在不能説謊而又擔心損害給對方的印象下，往往是令人煩惱的。有人説，可以把優點反過來説成缺點。例如，申請店務員時，説自己的缺點是太仔細，平常在家總是把書櫃執妥當整齊至近乎偏執的地步。其實，剛剛畢業或出來工作了一段短時間的年輕人，坦承自己的不足，如欠缺實務經驗，是可以被理解和接受。另外，也可回答與知識技巧相關的缺點，例如對某些方面較不熟悉、在某些領域比較弱等。只要能經努力與時間累積改善的缺點，就是好答案。

面試前的小準備

面試是一個舞台，事前能作很多預備，「演出」時也不免緊張。即使強裝鎮靜，手腳，甚至聲音有時還會抖過不停。怎樣才能克服、減低緊張呢？

其中一個方法是早到，熟習一下環境。遲到固然給面試官留下壞印象。然而，若是剛剛趕及，以致氣喘如牛，只會使你更不安、更緊張。不如早一點到達，可以整理儀容，好好感受一下公司環境，有助減低對環境的陌生感。

我有時要去不同地方主持講座，總會早一點到達。若然情況許可，更會在講台上綵排，講稿放在哪裏最容易看？高度適中嗎？在台上時，眼光焦點看向哪兒最自然呢？容易緊張的我們，多一點預備，少一點緊張。

進入面試房前，若然因緊張而不斷手騰腳震，可以先做一些鬆馳動作，如坐在位子上，用力握手十秒，然後放鬆；或把雙腳肌肉盡可能收緊、持續十秒，然後放鬆。此外，深呼吸，吸得深一點，然後慢慢地呼出。讓急促的呼吸、急促的心跳、急促的自己慢下來。容易緊張的人，面試時也可把說話速度放慢一點，以免說得太快，自己更緊張。

有人因過度緊張，致使表現大打折扣。有人因自信滿溢，表現得過於輕鬆，予人輕浮的感覺。如何克服面試表現不佳，或許不是沒有方法或答案，只是我們並不了解自己需要什麼方法或技巧。換句話說，我們可能不了解自己，以致無法對症下藥。

如果面試是一個舞台，舞台上的演出都是熟能生巧，面試也一樣。不只初入職場的新手緊張，就算是工作多年的老手也是一樣。第一次面試，應該相當緊張；第二次面試，或許依舊緊張，只是有了經驗，可能就發現不同的面試原來有些共通點。面試後自我檢討、思考，到第三次面試時，緊張感或完全無法掌握的感覺減少，面試的表現也自會有所進步。

台上一分鐘，台下十年功。面試，是一個舞台。演出的，不是別人的角色，而是你。你是個怎樣的人，在面試的舞台上就怎樣地呈現。所以，不單問自己預備好面試沒有；而是總要問問自己，我預備好了沒有？

面試要預備自己，你有充足準備嗎？

面試之前，請扣好安全帶

見工前，我特意做好準備，剪髮、製衣，也預備了幾道對方可能問的問題。但有些問題太出奇不意，我一時之間也想不到，結果當下靜了……後來，對方問我還想問什麼，我又啞了，不要問那麼多吧，免得人家以為我好蠢。

我聽過很多人準備面試，花在打扮和儀容的時間，遠比準備問題的時間長。或者，有人認為面試的問題千篇一律，不用預備，有些無法預料，根本不知從何準備。不錯，有些面試的問題古靈精怪，令人費解。

千奇百趣的面試考題

以網絡巨擘 Google 為例，問題往往出其不意。他們問一個產品經理的應徵者：「你有八個相同體積的球體，當中七個重量相同，另一個稍為重一點。如果你有一個天秤，如何用兩次機會找出比較重的一個？」問一個軟件開發員：「你如何儲存一百萬個電話號碼？」又問一個工程師：「你是一艘海盜船的船長。你與手下投票如何分贓金幣。如果超過一半的手下反對你，你會死。那麼，你建議如何攤分，你才能得更多的金幣而不會死掉？」

看完問題，大概你未必有信心能夠加入 Google，慨歎自己不夠聰明，又或讀書不努力。面試這件事很玄，不單考驗你的能力，也考驗你的為人。這是看你從出生那天開始，如何過生活，如何認識自己和周遭的事物。一個只拿着手機過活的人，難免給這些奇形怪狀的面試考題嚇怕了。

這裏有五條更「騎呢」的面試問題：

- 如果你是空難的唯一生還者，你會做什麼？（考你的人生觀和應變力）

- 一天你起牀，發現有 2000 封未讀的電郵。如果只可以回答其中 300 封，你會如何挑選？（考你的優次選擇）
- 蜘蛛俠和蝙蝠俠作戰，誰勝誰負？（考你的想像力和分析力）
- 如何向一個先天失明的人形容什麼是黃色？（考你的表達和想像力）
- 你最喜愛的迪士尼公主是誰？（考你的性格和辨識人的能力）

看到嗎？這些看似古靈精怪的問題不是開玩笑，而是讓考核者全面認識你。要扣好安全帶應試，就要平日多留意身邊的事，多想像，多用腦。

你敢問問題嗎？

面試是雙向的過程，人選你，你也挑人；人家可以問你，你也可以問對方。而且，你懂得問，問得好，回應得體，更能顯出你的個性和能力。如果只會問一些很表面的問題，對方會覺得你陳腔濫調，沒趣沒新鮮感，對你的印象也非常模糊。而且，問的過程也是一個讓你加以發揮的場合。

你有想過向對方發問以下問題嗎？它們表面是問題，同時讓你可以發揮和表達意見。

- 這公司最差的地方是什麼？
- 這公司有什麼地方仍要改善？

以上兩條，可以讓你思想自己有什麼可以參與改善和發揮。例如，回應自己某方面的能力可以在某方向配合公司的發展。

- 對於員工，你最想他們有什麼過人能力？
- 你最想哪類員工立即消失？

以上兩條，反映公司對員工的期望和要求。你可以思考自己究竟符合嗎？之後，不妨向對方坦白表達你的特質和能力，還有什麼可以進步的地方。

- 如果你中了六合彩頭獎，有什麼原因令你仍然留在這公司工作？
- 如果一天你要辭職，將會是什麼原因？

以上兩條，讓你了解公司所長。你可以思想自己喜歡這種公司嗎？公司的價值取向和氣氛配合你嗎？

- 你最近在公司遇過最開心的事是什麼？
- 你最近在公司遇過最不開心的事是什麼？

以上兩條，反映你將來上司的風格和重視什麼。你感覺自己跟他可以配合嗎？也可藉此分享你以前跟不同人合作的經驗。

或者，以上問題最大的冒險是容易令人覺得你不客氣。基本上，中國人不熱衷發問。但是，只要表現謙和，禮貌地發問，說出發問原因，別人會明白的。

面試時敢問問題，
是想了解情況，表達最大的誠意。

如何與家人談論前途？

我是家中的獨生子，就讀文科，畢業後在一家小公司做文職，收入不高，但尚算穩定，而且能發揮自己所長，上司也很欣賞我的表現。不過家人覺得我從事文職沒有前途，薪金過低，強烈建議我從事建造業……

幾經掙扎，我聽從了他們的意見，花了一年時間進修工科課程。不久，經父親的朋友介紹入了一家大公司。轉工後，工作很沉悶，我漸漸感到很大壓力，每天都很疲累，不想上班及面對同事。我想辭工，但一想起家人的反應就很煩惱……

在工作及未來前路的探索上，尤其對於剛畢業及初入職的你，家人往往是重要的諮詢及支援的角色。但是，家人為你特別着緊，擔心前路的發展會帶來深遠影響的態度，或許會構成衝突及壓力。若處理得不合宜甚或影響彼此的關係。

適當的溝通方法

其實，要跟家人打開容易產生衝突的話題，需要配合適當的溝通方法，以避免及減低所帶來的影響：

1. 清晰表達自己

請花時間認真整理自己的想法，構思如何好好表達，好讓家人知道你的現況。個案主角經歷工作轉換，對於兩份工作明顯有不同的反應和感覺，這或許顯示出他的工作喜好及志向。若果他有這種發現，應該向家人好好表達，嘗試多分享自己的感受。對話前，不妨先找一些朋友、師長、有關人士給予意見，反復思量。衝突很多時候來自缺乏對彼此的了解和溝通，事前做好溝通準備，自然能減少誤解。

2. 選擇合適的對話時機

溝通質素會受環境及人的狀態影響。例如一邊工作或一邊看電視時，難以集中精神聆聽對方說話。所以，要製造合宜的場景，安排一個不趕時間，也不會被其他事物騷擾，能夠讓彼此專注的聆聽空間。另一方面，人常常在憤怒、傷心、焦慮、恐懼等情緒下，難以聚精會神溝通。對話前，記得留意四周環境及對方狀態。

或許，你不習慣與家人如此認真交談，可以選擇其他方法，但重點是你要向家人顯示你很重視這次對話。

3. 開放聆聽

要家人短時間內接受自己的想法並不容易，要循序漸進。但有一點很重要，就是聆聽對方的內心，他們說話背後的考慮。父母很多時候的出發點都是為了子女，利用自己的資源、人生經驗、對社會的了解，幫助兒女有好的發展。可能，你未必認同他們的想法，但從他們的角度想，那是正確的。

例如，上一代認為工作的意義就是要賺錢，不管喜歡與否，只會傾向選擇前途較好的職業。但現時很多人傾向尋求工作的意義及個人喜好，金錢反而未必是首要的考慮。這些想法上的差別沒有對錯之分，只是選擇優次不同。與家人溝通，緊記不是批評及反駁，而是透過聆聽，互相了解，適切回應。

4. 開放參與決定

既然家人如此重視我們的前途，期望我們尊重他們的意見。要是貿然自行做決定，最後才通知家人，他們可能感到失望及難過。嘗試做決定前邀請家人共同商量，過程可能需要時間，但能減少往後不和的情況。家人感到被尊重，對彼此的關係會帶來正面影響。

5. 避免情緒主導

家人與我們的關係最密切，我們對他們的情緒表達也最直接。換句說話，我們特別容易對屋企人發脾氣，而這是破壞溝通機會的主因。如果情緒主導了溝通，溝通的內容就會傾向針對人而非針對事，對話也難以繼續及有進展。因此，須特別留意和控制自己的情緒反應。

早前看過一篇一對年輕兄弟在屯門開咖啡店的故事。他們倆剛畢業沒多久，就花盡積蓄開了一間小店，他們的爸爸並不看好，不明白大學生為何如此辛苦開店。二人單憑對咖啡文化的喜愛，邊做邊學，努力經營。最終爸爸被他們的認真及堅持感動，每天去買咖啡支持。兄弟倆感到鼓舞，父親的認同成為了強心針，推動他們繼續努力。

與其說與家人談前途是一個難題，倒不如說這是成長的歷程。在過程中，我們學習自主、了解自己、獨立思考、表達、聆聽、情緒管理……這一切都讓你漸趨成熟邁步向前。你有否想像過，家人也期望這一刻的來臨？期望你告訴他們你找到前路的方向？

與家人溝通自己對前路的想法，
可以得到最有力的支持。

方向太多，應該怎選擇？

向朋友分享我的工作方向，但他們都說此類工作不適合我，但我還是想試一試……

曾聽過一位年輕女生的故事：她的學業成績不理想，而且健康曾出現問題，但很想成為幼稚園教師。身邊的家人、師長、前輩常為她分析，希望她打消這個念頭，令她飽受打擊、感到氣餒。

作為青少年工作者，聽到年輕人在尋夢的過程中遇到阻撓及不理解，感到痛心。相信很多初職青年在尋找出路的過程中，都會詢問旁人意見，有時候旁人的意見和自己想法有所出入，我們該如何看待？應該好好聽從，還是置之不理？

探索的基礎

在生涯探索的過程中，有幾個重要的基礎：

1. **自我認識**：包括價值觀、興趣、性格、技能、知識、身分等方面的認知及發展，從而尋找合適自己的工作。
2. **對出路的探索及認識**：例如，社會環境如何？有什麼工作可以選擇？不同的工作內容又是什麼？
3. **個人規劃及管理**：從生涯規劃中，我該如何做到自己理想的職業？

與別人傾談的過程中，不管你是否認同對方的觀點，他的意見也可以作為參考，豐富自己的生涯探索思考。若是傾談的內容能夠圍繞以上三方面，或許已經對你的尋路過程有幫助。

透過別人對自己的評價及看法，能夠幫助你了解自己更多。美國心理學家 Joseph Luft 和 Harry Ingham 提出的「祖氏窗口理論」（Johari Window）提及，每人都有自己的盲點（blind spot），有些別人看到但自己不知道的地方。這些盲點可能會造成工作上，或與他人相處時的障礙。透過與他人溝通，增加對自己的認識，包括優點缺點，逐步改善自己，把盲點慢慢縮小。效能則視乎彼此的熟悉程度。若是與自己常常相處、熟悉的人傾談，他們比較能夠準確描述出我們平日的行為表現。從他人的角度，可以幫助我們重新發現自己，尋找合適自己的方向。

主動認識，多行一步

對於一般學生而言，生活環境較多局限於學校及個人生活圈子，社會生活經驗不多，對工作種類的認識也有限，以致思考前途的可能性，或會過於狹窄。對有興趣的工作，也未必有深入的認識，或只能憑藉表面的印象。例如，建造業近年發展蓬勃，薪金優厚，不少年輕人被吸引入行。但工作時才發現，工時長，前線崗位更需要很多體力勞動，日曬雨淋，比想像中辛苦很多，結果很多人做不了多久就離職。

我鼓勵年輕人多了解不同的工種。坊間有不少職場分享 / 參觀的活動，有機會與不同職業的人交談，年輕人可以藉這機會對有興趣的工作進行深入了解，例如工作要求、特點、發展前景等等，再衡量這些工作是否適合自己，看看有沒有其他可能性。

在參考了別人對自己的形容及不同工作的內容後，會對自己、工作及社會環境更了解，制訂個人目標及計劃時可以更具體及清晰。若是找到具備相關經歷的對象傾談，在別人的經驗中，有時候能夠找到有用的方法及資源，讓你尋路時事半功倍。

有時候別人的回應除了是參考，也是一種對個人目標上的確認。透過他人的回應及提問，讓我們認清目標，了解自己做此選擇的原因。當你發現自己真的想完成某個目標，即使困難重重也不懼怕，反而更會勇於面對問題，嘗試尋找解決方法；即使辛苦也願意堅持，不會輕易放棄，有人稱這種為熱誠（passion）。

很多事業成功和具影響力的人，都是因為在自己的範疇上有熱誠地鑽研，才有令人認同的發展。但不是每個人都能夠發現自己的熱誠所在，需要經過一些過程來確認，過程可能包括遇上挑戰及逆境。即使不容易尋找，但是它能指引出生涯上的方向，令我們找到工作的意義及樂趣。

上文提及的年輕人，雖然受到別人的打擊，但故事並沒有在此完結。她堅持自己的夢想，縱然知道不容易，也沒有放棄。最後，她入讀了幼兒教育課程，積極裝備自己，向當幼稚園老師的夢想踏前一步。在這個講求效率及成果的社會中，年輕人要堅持自己的夢想，真的不容易，她這份精神令人敬佩及感動。

尋求別人意見，有助你確認前路，
但問題是，你知自己要朝哪個方向走嗎？

聆聽內心的聲音

畢業一段時間，他仍未不知道自己想做什麼，便寄出大量求職信來碰碰運氣。其實，很多人已問他想找什麼工作，可是他一直也答不出。有幾次，他以為「馬死落地行，乜都做住先啦」，內心卻好像有另一把聲音：「要搵到一份有意義、一份能令自己投入、燃燒自己的工作。」

有說，每一個人的心底都有一把內心的聲音（又名「自己的聲音」、「內裏的聲音」、「心靈的聲音」與「靈魂的聲音」）。這種聲音可能不單是理性分析，按現實環境而做決定，更像一種直覺，來自靈魂的提醒。

內心的聲音說明我們最真誠的意願、希望、興趣、抱負、夢想，以及我們所愛，也就是我們喜愛什麼、關心什麼。

聽出另一把聲音

每一個人都是獨一無二的。或許你知道，你的手指指模與世上任何人都不一樣；不單如此，古往今來，沒有人與你的一樣。除了指模，每個人的心跳模式、頻率、長短都是獨特的。

我們總會對一些事情特別熱愛。有些經驗往往吸引你，讓你感到興奮，樂此不疲；但總有一些事情讓你感到沒趣，怎樣也提不起勁的，這些都在反映我們內心有着不一樣的熱情、熱愛。

內心的聲音告訴我們，要活出上天所賦予我們的自己，而不是別人的。我們若不尋索內心給我們的生命軌迹，硬把自己套入別人的生命故事中，不但難以成功，更不會快樂和滿足。

聆聽內心、活出自己，是你的責任。但是，怎樣聆聽內心的聲音呢？

1. 了解自己

所謂「了解自己」，就是知道自己的天賦、興趣、熱情所在。只是很多時候，有很多不同的聲音充斥在我們腦海。那些聲音，多是別人的期望、意見，甚至社會的論述。

要好好了解自己，聆聽內心聲音，可以養成每天反省、沉澱、整理生命的習慣，這就是每天檢視、反省自己的生活經歷，當中有什麼感覺？為何這樣選擇？背後的想法、信念是什麼？對今天智能手機時代的我們，着實是很大的挑戰。我們無時無刻有太多事情可在手機上處理，時間都被手機打發掉。若能養成每天整理生命這好習慣，對我們是莫大的祝福。

我們也要花時間做一些自己熱愛的事情。過程中，嘗試感受、體會當中的經驗，給你什麼感覺？為什麼你會喜歡？對你的意義是什麼？這些對你的觸動是什麼？

從這些小行動，我們可能愈來愈認識自己，進而發現內裏的核心信念。這些核心信念是怎樣形成、出現？可能源自原生家庭，或是成長中的經歷。

記得小學時讀過一篇課文，談到敬業樂業，記述賣腸粉的伯伯工作雖然卑微，每天為忙於上班上學的朋友提供早餐，他卻找到當中的意義。我好感動，一路成長一路揣摩、思考時，發現觸動我的正是那一份服侍別人的精神。然後，我發現我的核心信念，就是想服侍別人。

2. 不斷嘗試與摸索

當我們已經有一定程度了解自己，就可以進一步探索、聆聽內在聲音。這要不斷嘗試、摸索，期間可能會犯錯，卻會發現更多。當我了解自己渴望服侍別人，我要以怎樣的方式去服侍？服侍什麼人？

我們要學習分辨所行的，是否發自內心、依從內心的聲音呢？第一個可參考的，是我們對所做的有多大熱情。當我們做着打從心底熱愛的事時，是不需要別人激勵、挑戰，更不需要別人監督，而是熱切地做。就算遇到挫折、失敗，也不會輕易放棄。

另一個參考是所做的是不是愈來愈有果效。若我們跟從內心的聲音做喜愛的事時，不單愈做愈起勁，更渴望愈做愈有進步、進深。這個果效不只是自我滿足，更可以祝福別人。

早幾年前，有一位會考 9A、大學畢業後成為金融才俊的年輕人，因為兒時的夢想，也是心靈裏的聲音提醒他。他不惜辭去所有人眼中的高薪厚職，轉職成為巴士司機。在這個社會中，他的選擇未必得到很多人認同，反而讓人不解。然而，最重要的是，透過內心的聲音，他認清自己的想法，並且樂在其中。

有多久沒跟自己傾偈呢？

今天就學習聆聽內心的聲音，活出真正的自我。

成長就是要冒險

我不是沒有目標，也不是不想離開安舒區。只是現實上有很多事情要兼顧……

不少人說，認真工作的男生特別有吸引力。其實，同樣說法也適用於女生，這種吸引力來自一份生命力。當我看着曹星如、李慧詩、吳安儀、楊文蔚，這幾位運動員比賽時的專注、投入，彷彿看見他們身上散發着一道特別的光芒。

光芒，是因為人找到人生方向、召命，找到歸屬、志向、意義。找到了，就能認真、專注投入生活，生命就綻放着光芒。這種光芒不只屬於被主流定義成功的人，我曾從好幾位公開考試失敗的同學身上看見同樣的光芒。他們的成績未如理想，卻沒有放棄，認真面對，探索生涯，為自己開創一條新路向。

仄徑的光芒

可是不少人寧願在生活中安安穩穩，跟着大氣候走所謂社會的大路，以經濟、發展賺取的一套為最好，不但追求個人財富，講究商業競爭，並把經濟、致富及效率視為社會進步指標，而社會也以大路、主流的一套來模造我們。不知不覺之間，我們好像以為社會上只有一套對生涯、未來的想像。然而，生涯就是這樣嗎？人生就是這樣嗎？出來工作就只能這樣走嗎？

其實不只於此。有大路，就有小路，你有走過小路嗎？仄徑，就是狹窄的小路。如果大路是經濟、致富和效率。那仄徑可能是另一套價值：意義、簡樸和慢活？走仄徑，好像是好浪漫。只是真的踏上，就會有挑戰，要付代價。

曾有年輕人說，他同意人生要有夢想，只是現實卻才是最埋身。

對年輕人來說，由讀書到就業的生涯轉變階段，面對外在世界環境急劇改變，還說要放下安全、安穩、安逸的大路而走仄徑，恐怕不是這麼容易。

不走大路而走上召命及有意義的仄徑，就是要冒險和探索。冒險，要挑戰未知，走少人走的路。冒險可能會失敗，但只求安逸，也只會得到平庸而沒有建樹的人生，那又是「成功」嗎？

你準備冒險嗎？

有年輕朋友立志去 working holiday，想在外地學習獨立，面對挑戰。可是，在沒有準備下前往外國，一下子便給不同的困難嚇倒。最終只是不斷與香港的家人聯絡。冒險不成，working holiday 變成家人在香港遙遠控制的假冒險。

冒險需要勇氣，需要魄力，但不是盲目硬闖。冒險是有準備的，需要有明確的目標；沒有明確目標，一切的行動都可以變得毫無意義，這樣的冒險只會是一無所獲。所以年輕人要走仄徑，要知道自己的目標是什麼，只為與別不同？還是想找到人生召命，活出真我？

冒險要有足夠的自信，對自己有真確的認識和理解，並且有鍛練，擁有實力，才不會輕易被困難嚇倒。

遇過一些年輕人，參與解難活動時，只袖手旁觀，少有提出意見。問他們為何不主動建議？他們說，因為要想清楚，怕說出來的建議行不通。怕錯，結果裹足不前。冒險的旅程，需要有行動力。要小心謹慎，但不可猶疑不決、舉棋不定。

在冒險、挑戰未知的過程中，有很大機會犯錯、失敗。所以要有面對失敗的勇氣，也要有胸襟接受失敗。

冒險也代表要打破所謂的慣性。例如，當人人都說要買樓，即使納米樓也爭相購買時，可以打破這些「人人都係咁講」的思維嗎？又或人人都說年輕人搵工最緊是「搵到錢」，可以有其他想法嗎？有年輕人放下一切回歸農地，當農夫，為的是讓城市可以有永續發展。可以這樣冒險，打破慣性嗎？

冒險、走仄徑、要活出不一樣，一直呼應內心的價值觀，是不容易的。所以走在仄徑上，需要認真、投入和專注。我們看到今天有很多年輕人，找到生命中關心的事、着緊的事，選擇走另一條路；一條崎嶇的仄徑，可能沒人走過或很少人走過，也可能是一條沒把握、有可能失敗的路。只是當他們認真、專注、投入地走的時候，生命就自然綻放出光芒。

有想像過，自己的生命是朝向光芒嗎？

要是找到內心聲音，
把你引向一條少人走的路上，
你有勇氣踏上嗎？

小結：編寫你的職涯故事

一般人預備履歷表時，會把過去的工作經驗逐一填上，一項接一項。不錯，這是一個好的方法，也是為了應徵的公司而做。然而，有誰會純粹為自己的履歷，編寫一個可以代表你生命的獨特故事？這是收集過去學習、工作中重要和深刻的經歷，儘量把他們歸納成你的生命軌迹。

履歷可以分四種形態：

1. 成長型

這類人認為生命是從困難和艱苦中成長過來。可能他在過去的日子感覺困難重重，關關難過關關過。他不斷面對和克服，最終發現自己已經成長了，變得成熟，更懂得欣賞自己，又能尋找不足。他的故事也能啟發他人。

2. 關係型

他喜歡人際關係，與人結連，而且更喜歡向他人學習。他一生可能都在找尋師傅或生命導師。另一方面，當他們遇上工作挫折時，立即想起朋友和家人，覺得關係比物質和成就重要，心情自然好過來。工作的樂趣和滿足則來自人際。

3. 戰鬥型

他視挑戰為生命的必須。他的滿足感來自朝自己的目標直衝，來自控制大局，也來自完成挑戰後所得的成功感。他以成敗得失衡量工作，完全是目標導向的人。這種人容易看見自己的成功。

4. 沮喪型

他感覺好運與自己絕緣，只會數算自己的失敗和挫折，把很多錯失歸咎自己，或訴諸命運。上天只將好東西留給他人，自己沒有份兒。因此，他們普遍不會把握機會，不是不想，只怕自己再次失敗，感到失落受傷。

編寫職涯故事是一個反省的過程。在這個過程，你發現自己是個怎樣的人，悲觀或是樂觀？重視人際或是個人成就？自大或是自卑？認為成功是僥倖或是個人努力？一旦你有所覺察，你的生命才獲得空間和動力自我改善，好好調校自己的職涯風格吧！

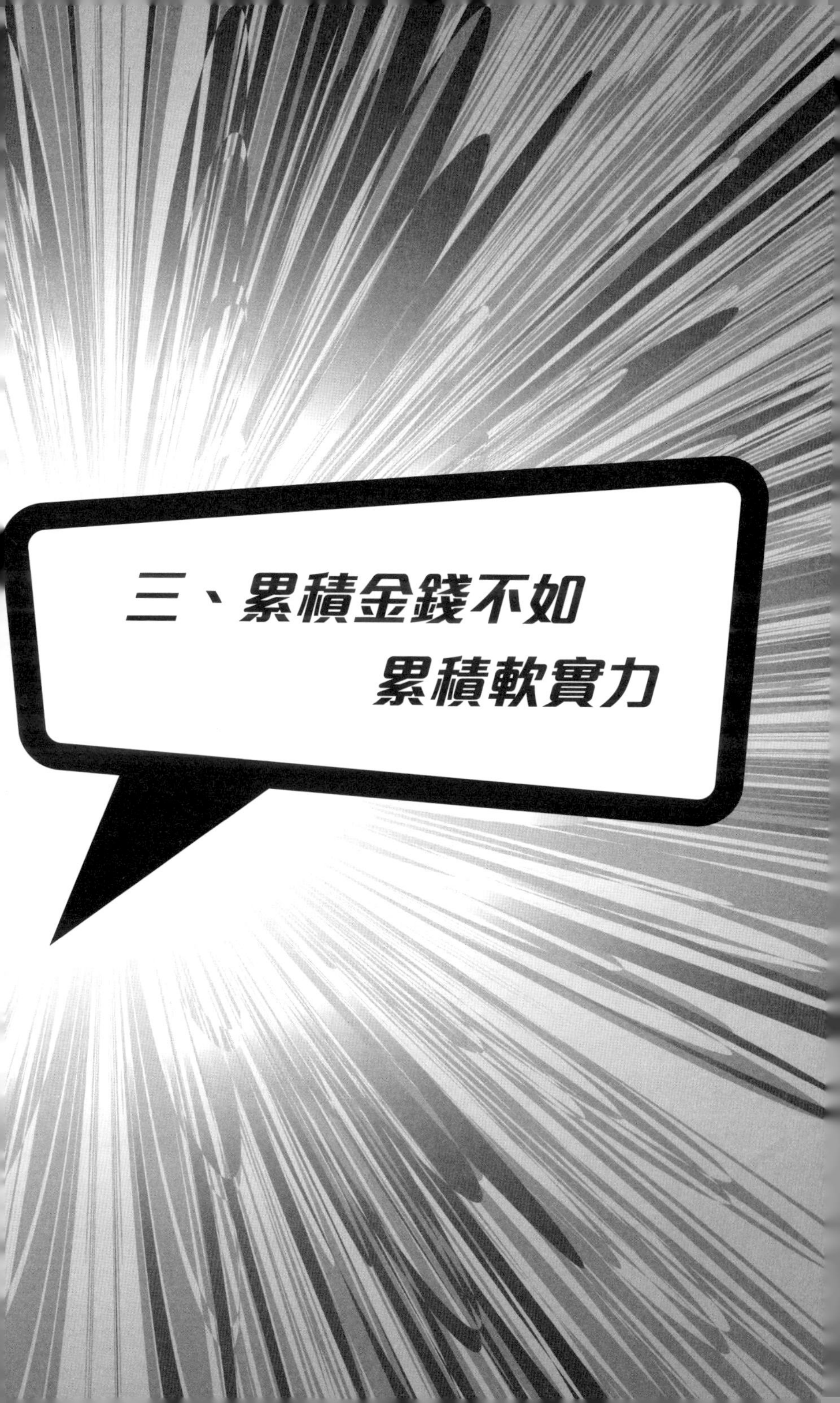
三、累積金錢不如
累積軟實力

創路新手心聲

何美舜（Sara）

在這個計劃中，我學到最實用的是訂立小目標。小目標是指每天或短暫的目標。最初我認為有了大目標代表人生有了方向，將來可以投身於自己理想的職業，因此就這樣朝着那長遠的大目標出發便可以。可是參加這計劃後，我學習訂立小目標並實踐，發現這一個個小目標，讓我更加看清向着大目標前進的路徑，幫助我更快速的完成和達到所設立的大目標。我們不應該輕看每天所訂立的小目標，因為這些小目標都是令我們進步的好師傅。

林健新

我認為工作實習最大的收穫是心態上的學習。工作實習的頭幾天，因為工作的新鮮感，從而十分起勁。當慢慢了解工作的運作時，開始有所放鬆，面對日日如是的工作，偷懶的心態開始走了出來。但是，整天出現在我腦海的聲音是「態度決定一切」。每當在工作上失去動力，我就想起這句說話，好讓我重拾動力，以及對工作的熱誠。我不斷在工作中尋找新事物，讓自己學習更多，與人溝通上表現得更加好。遇到問題時，會主動向師傅或同事請教。

湯曉童（Tracy）

最初參加這個計劃只是純粹想有一些工作經驗，但經過這幾個月的時間，我發現學到的比想像的多，工作技能反而不是這次的學習重點，個人軟實力的提升才是最重要的。

初入職場的我對一切都充滿期待，但當每天都只是做着一些瑣碎的複印、整理、存檔等工作時，心中不免感到失落。細想過後，我明白我不只是要學習職場上的硬實力，也明白了每一件事情的發生總是有道理，不論是好還是壞，你一定能從中得到什麼。在工作期間，我免不了有感到沮喪和不開心的時候，但我學會了快速調整自己的心情和如何更正面的看待事情。

雖然這次實習所獲的薪金不高，但我獲得的卻是金錢買不到的。我很感謝兩個師傅對我的提點，這些能使我獲益一生。職場與學校總是不同的，有很多自身缺點是我以前忽視的，經過師傅的提醒才使我忽然驚覺。直至來到台灣讀書後，才發現我已經不知不覺中從她們身上學習很多與人相處溝通的方式。

陳卓皓

在實習期間，我見識了真正職場的環境，學懂職場中什麼能作、什麼不能作。自己踏入職場，不再是中學生，言行也要注重。當初我很不習慣，但一班同事不斷地教導我，以教誨取代責罰。在此我要感謝新元朗中心的一羣好同事，你們不但教我工作技巧，更是我的人生導師。

梁梓銘（Donald）

在計劃開始的訓練營中，我最深刻的一句話是：「先學做人，再學做工。」

無論是什麼工作，都要先準備自己。我一向是個優柔寡斷的人。酒店的工作十分講求效率，我不希望其他人的工作因為我而受影響，因此我決心變得果斷。在實習過程中，我遇到很好的師傅和同事，他們都很有耐心地教我做事，我亦以他們為榜樣，把每件工作盡力做到最好，更知道「凡事計劃」的重要性，使我往後處事更有效率。

黃海燕（Yan）

第一次接觸辦公室文化，發現吃飯是一件趣事。大家可能會想：吃飯，何趣之有？哈哈，原來這裏的午飯是公司提供，包伙食商每天準時把飯送到各部門。除了飯菜很好吃之外，氣氛也好。午飯時間一到，大家一起圍着飯桌，肩並肩，像是一家人吃飯一樣，非常熱鬧，歡笑聲傳遍部門每一角落。

再者，和同事相處讓我倍感溫馨。雖然與大家並不很熟，說話也不多，但只要一個眼神的接觸，一個溫暖的微笑，親切的一聲早晨，簡簡單單的一個動作，既可以拉近人與人的距離，也能讓人一天充滿活力，投入工作。同事非常友善，工作環境舒適，都是我最喜愛的地方。

整個工作實習計劃，除了讓我體會真實的工作環境之外，更讓我了解到自己從事文職方面的一些強項和不足之處。在這裏我幸運的遇到一個有愛心的師傅，她給我很多學習的機會，讓我學習辦公室的各種工作。除了教我工作上的事情，還關心我的前程，給我意見，分析人生的各種選擇，鼓勵和支持我，讓我更有信心的面對以後的挑戰，令我對未來充滿期待。

職場最需要的還是軟實力

有錢＝有學歷？學歷氾濫？現在開辦大專課程的學院成行成市，彷彿人人也有大專學歷，一張沙紙不再是保證，Top-up degree 亦比比皆是。大學學歷猶如社會入場票！讀 High Dip、副學士的，連門檻也跨不進。求職被壓價，或拒於門外，感覺無助。

在 70、80 年代的香港，長輩常常提醒孩子：「拎返張沙紙傍身！」沙紙（Certificate 的音譯）似乎代表了一種保障，也就等於找到一份好工。大眾心目中的基本學歷，從最早期中五畢業證書，到專上學院的文憑，至今已演變成大學學位，實在是高處未算高，究竟沙紙何價？

本地入讀大專人數比例，已由 1996 年的 18.5% 上升至近年的 40%。香港科技大學一項調查反映，受過高等教育的 80 後無疑比沒有受過高等教育的人更容易找到工作，但出任管理 / 專業工作的機會卻愈來愈少，畢業生更多集中在輔助專業和文職工作，以及銷售或服務行業。

雖然一個大學學位可以增加個人向上流動或發展機會，但隨着時間和經濟轉型，教育水準的提高不一定意味着有更佳的就業條件，面對新興科技及全球化，很多傳統的技術職位都被新的工作模式所取締。

這並非危言聳聽，2016 年世界經濟論壇就以「第四次工業革命」為主題，標誌智動化時代的來臨。它的研究報告 *The Future of Jobs* 指出，人工智慧、機器學習、納米科技等正改寫未來社會和職場生態。研究估計到了 2020 年，全球有 500 萬工種將被替代或淘汰。不過，與此同時會產生 210 萬個新職位，意味着勞動市場將面臨一次翻天覆地的改變。

Humans Are Underrated: What Achievers Know That Brilliant Machines Never Will 的作者 Geoff Colvin 認為，僱主在 21 世紀看重的不是一紙文憑，也不是什麼專業技能，而是員工的軟技能（Soft skills）。軟技能，包括人際關係、集體合作和情感智商等等，這些皆非機器所能夠取代。未來的競爭集中講求渠道的創新，資源的整合，而跨界協作是必然的出路。所以，我們能否發揮溝通、談判和綜合的技能，將成為衡量實力的指標。

必勝的能力

多元智能大師霍華德・嘉納（Howard Gardner）在2006年出版的《決勝未來的五種能力》（*Five Minds for the Future*）中，提出未來人才必須具備的五種心智：

- **修練心智**（the disciplinary mind）：培養一種深度思想或專業技能。
- **統合心智**（the synthesizing mind）：跨領域學習，並有效整合並傳達。
- **創造心智**（the creating mind）：能夠發掘並解讀問題和現象。
- **尊重心智**（the respectful mind）：體會及包容人與人之間的差異。
- **倫理心智**（the ethical mind）：承擔並發揮工作者與社會公民的責任。

霍華德在2015年接受訪問中，特別強調在21世紀，年輕人最重要的關鍵在於：

- 解決重要問題的能力；
- 提出關鍵問題的能力；
- 創造有趣作品的能力；
- 和同儕相互合作的能力。

以上的觀點實在值得青年工作者，以至從事人力資源管理者參考。同時，也讓我醒覺，應徵者是否具備專業技能、知識等硬技能（hard skills）固然重要，但發掘並發揮員工的軟技能，服務社羣的心態同樣重要。這不單為了應付工作上的需要，也是保障未來生存之道。

培育軟技能最好從教育入手。所以，社會除了要反思教育的內涵外，也要關注職場生態的急速改變。青年人先從認識自己開始，建立良好自理和溝通的能力，並多參與團隊及體驗活動，開拓視野，提升個人的心智和素質，一定可以為職場新秩序注入新的活力。

培育能力還不如培育自己的軟實力。

你有慎思明辨的能力嗎？

畢業以後，踏入職場，彷彿進入了另一個世界。很多讀書時期看重的，現在變得可有可無；有些從前不被強調的，現在反而變成了最低的要求……

求學和工作是人生兩大的階段，要求與着重的事自然不同。如果問我這兩個時期最大的分別是什麼？我會說，在填鴨式的教育制度下，萬事千篇一律，不一定需要個人分辨思考能力。只須找出考試竅門，就可以無往而不利。

然而，在工作上，沒有所謂的「竅門」，事事新鮮，極需要慎思明辨的能力（critical thinking ability）。今天的中學已推行通識教育，甚至是公開考試的必修科，目的是為了增進學生思考的能力。效果如何，不得而知，但肯定的是，慎思明辨的能力在今日非常重要，決定你能否面對時代轉變，在複雜的人際和紛擾的環境中，泰然自若，輕鬆應對。

何謂慎思明辨？

如果翻查解釋，慎思明辨是審辯式思維、明辨性思維、嚴謹的思考或批判性思考，包括思維過程中洞察、分析和評估的過程。我嘗試以五點加以解釋：

1. 推論能力

有強勁的觀察能力，即使資料不足，也能從觀察的事物，推敲事情背後發生什麼。例如，當你看到一間屋的燈開着，電視開着，會推想屋內必定有人，否則燈和電視不會亮着。但是，你同時也要假設有人可能出了門口而忘記關上電器。推論精神是一種假設，假設也要多樣化，立時沒有一定的答案。懶去思想的人，少考慮任何可能性，只會妄動判定，或者埋怨資料和上司指引不足，不清楚又不去問。

2. 懷疑態度

跟上一項能力有點相似，人要有假設的能力。假設即是「假」的設定，未必成真，所以要抱有懷疑的態度，不能事事絕對。例如，你的抱負是做醫生。不錯，你有大志。你要假設自己學業有成，最終入讀醫科，畢業後找到醫生職位，而且當醫生前還要生存。世上沒有絕對，抱有懷疑才有更多可能性和防範能力。這能力可以幫你周全地考慮一件事有什麼可能性，向人提議不同角度的意見。

3. 防止簡化歸納

歸納是 induction，依據有限的觀察（特殊）把關係歸納為類型（普遍）的模式，但結論是不能確定；簡化的歸納是扣減，即 deduction。例如，阿豬、阿狗和阿貓都很差勁，他們都是中國人，因此所有中國人都很差勁，這就是扣減。扣減的危機是武斷，而今天的社會就充斥了這種武斷，一竹竿打一船人。

4. 說明的能力

從現有的資料加以擴展和解釋。例如，有指小孩子從八個月大開始學習辭彙，五歲的時候就可以累積達

2000 個辭彙。所以，如果有人問你，七個月大的嬰孩可以與別人對話嗎？答案就是不。因為一個七個月大的孩子，擁有的辭彙不足以構成對話。這種能力有何用嗎？當然有，它幫助人從繁瑣的資料中總結。很多人總愛說話，給意見，不能總結，最後難以做決定。

5. 批評能力

批評能力好像具有攻擊性，但換句話說，就是多角度思考，考慮不同的觀點和立場，不要太快下定論。這能力可以訓練，可以培養。但是有什麼會影響人太快下定論？這是負面情緒，心急、懶惰、魯莽、自我、自大和對別人有偏見等。你會看到，這能力的最大敵人其實是自己，包括性格和修為，同時也反映你如何看別人，對別人有多尊重。

慎思明辨表面上是一種能力，似乎可以訓練，可以掌握。不錯，我們可以透過通識教育去「操練」，但是更重要的，是培養一種謙卑、對人尊重、對事物抱好奇懷疑態度等質素。試問今天在學校的通識科和其考試制度，又可以教曉學生多少這類特質呢？

以為在學校已學了很多，
想不到出來工作要學的更多。

客人真的永遠是對的？

常常聽到職場前輩說：「客人永遠是對的。」這句話不老套嗎？我們不是不想尊重那些貴客，但有時遇上不可理喻的客人，這句話還是金科玉律嗎？如果客人要什麼就給什麼，做員工的，還有什麼價值呢？沒有人想成為沒思想的工作奴隸。當我們想對客人講道理，或者不願滿足所有要求時，就被人質疑工作態度差，不上進，然後發表「90 後服務態度差……」的定論。有時真的很冤枉！

Susan 初加入空中服務員，上班時常常遇上大陸客。客人雖坐經濟艙，但態度傲慢，覺得自己是大豪客，對她大呼小喝。有時，客人更不顧機上安全指示，一旦上前勸阻，卻受對方侮辱，令她很為難。怎可說客人永遠是對的？

Peter 是餐廳初級侍應。一次，有個客人沒有訂位，強要坐靠窗座位。為了不得失客人，他只好盡力安排客人坐在近窗的位置。不久，客人可能感覺陽光太猛烈，又要求他把窗簾拉下來。Peter 當時氣上心頭，心想:「神是你，鬼也是你，客人真是要當神拜嗎？」

青年人在成長中的學習模式，習慣看見不平事，要發聲，要表達，很難啞忍，不能當視而不見。不過，在職場上，這種原則似乎難以實踐，往往被教導為「客人永遠是對的」，究竟客人重要，還是道理重要？這事值得我們思考。

盲目服從客人的成本

「客人永遠是對的」本來建基於一種心態，就是不要得失每一個客人，為公司爭取最佳利益。不過，為了不要得失每一個客人而不講道理，不顧後果，不為他人設想，可能會釀成更大損失。

就以 Susan 與 Peter 為例子。如果 Susan 不理空中安全，容讓客人在機上亂衝亂撞，發生危險，釀成意外，最終都要公司埋單賠償。如果 Peter 想也沒想，就順應客人所有要求，變相影響其他客人。

相信每個老闆都要平衡成本，維護公司利益。大多數情況下，顧客當然是對的，這是服務的價值，也可能是一種推銷的包裝。不過，一句「客人永遠是對的」不代表不需要分辨的能力，把它無限上綱上線，盲目地向客人下拜。

要留意的是，盲目服從會否為公司和員工增加一些有形和無形的成本呢？如，對公司、對其他客人、對同事，與及對你的身心有沒有什麼損失？老闆想你如實地反映現況，從公司角度考慮利益，但是直接跟顧客接觸的，最了解狀況的人，其實是你，也就是有些事情，需要你作出判斷，何謂對公司最有利益。

不過，「客人永遠是對的」表示要從客人角度考慮他們的需要。所以，拒絕他們的要求時，最好能給予兩全其美的建議，解決彼此的難題。例如，Susan 可以了解清楚客人其實需要什麼，Peter 也可了解清楚客人想要一個怎樣的進食環境，而不是一味的拒絕。若然抱着這種態度，客人自能感受他們對他的尊重、用心，就算結果不如他所預期，也不會影響他對公司的印象。

懂得釐清「對」與「不對」的界線，看清客人需要，真誠地表達，就能提升你的工作表現。

在工作上學懂明辨事非，一生受用。

五分鐘有幾重要？

每天上班，我都會早十五分鐘回到公司，準備應對當天的工作。有次我遲到了五分鐘，卻被上司以嚴厲的態度責罵一頓。我內心感到很氣憤，有種冤屈的感覺，甚至覺得上司有點無理。為何他只着眼於那五分鐘，而對過往我天天準時的表現隻字不提……

以上的個案是在職場實習的 Simon 向我的分享。誠然，他不明白那五分鐘對上司、同事的意義和價值，而這經歷也帶出，初入職場的青年人，時間觀念與其他同事存在落差。

年輕人看重的是時段（time slot），大概、差不多（或早或遲少許），甚或在那時段到達就可以、能於差不多的時段完成所交託的，就是完成任務；而大部分職場老手，抱持的是準確無誤的時間觀念。

年輕人以大概時段作為時間的觀念/定位，相信與通訊普及化有很大的關係。從前手提電話還沒有普及，沒有辦法即時聯絡。約會的時候，大家不敢遲到，免得別人呆等，又擔心你會不會發生什麼意外。現在，人與人能即時聯絡，慢慢出現了一種約會的新慣性，大家只約定哪一天哪一個時段見面，到時再以電話、短訊聯絡。這種慣性正正孕育了新一代人對時段的概念，不再把時間握得很準，總之在約定的前前後後出現了就可以。

此外，社會對工作的多元開放與上班的彈性，也是其中一個改變了年輕人對時間觀念的因素。不少公司不再把上班時間局限於上午9時至下午6時，反而讓員工彈性上班，方便同事安排工作。當然，最重要的還是年輕一代習慣自由，以為時間在自己掌控中，沒有意識時間不受一人掌控，結果與職場前輩有着時間觀念差異。

一般來說，上司不會着眼於那五分鐘的落差，而你不會因而失掉工作。可是說到底，守時是一種美德，也是值得尊重的價值。五分鐘的價值不在於時間的長短，而在於五分鐘會為公司、上司、同事及自己帶來怎樣的影響。

五分鐘的價值

曾看過電影《雙面情人》(*Sliding Doors*)，主角錯過了一班地鐵，從此經歷截然不同的人生。這個故事是導演 Peter Howitt 的親身經歷。有一次，他險些被車撞到，在驚魂未定的短短數秒間，領悟出逆轉人生的思考。而這經歷也説明了五分鐘的重要性。

對公司來説，五分鐘，或許是一個重要簽約的時刻，是關乎信譽與承諾的事；或許牽涉成千上萬的交易，關乎公司存亡。對上司與同事，這是一起合作的羣體，對工作的一份尊重與委身，是個人對工作與羣體歸屬感的體現。

一次我參加一個跨部門的合作會議。那次主席及一位同事因工作繁忙，遲遲未現身，也沒有提出要遲一點開會，讓整個合作隊工在會議室等了足足二十分鐘。這看似是一件小事，但對於準時的同事來説，卻是欠了一份尊重，那不只是一個人的二十分鐘，也是眾人的二十分鐘。對每位同事來説，這是很寶貴的時間。若常常發生這種情況，定必為合作帶來不必要的衝突。

我們不妨自問，五分鐘代表自己持守一種怎樣的價值與態度？是對人尊重、是對事負責任？是自律、守信用、懂禮節等重要特質？是自我自信、是彈性自由的選擇？若繼續以這種想法工作，對自己、工作與人際間合作會帶來一個怎樣的未來？

常聽說：守時是工作的基本。若你連這個微小的項目也不能駕馭，上司怎能把更大的任務交託於你呢？這是一句很老套但很實際的話。不要輕忽五分鐘的價值，這樣上司也不會輕忽重視五分鐘價值的你。

重視時間，也就是重視自己和他人。

工作前行的動力

當初，我選擇了這份感興趣的工作，可是愈做愈沒趣，甚至有點迷惘，我並非不喜歡工作的內容，但總是「無乜感覺」，提不起勁，失去了當初那份衝勁與前行的動力……

我曾為一間公司帶領員工培訓。公司的管理層期望透過培訓，打造一個有動力（motivation）的工作環境與羣體，故培訓活動圍繞着 *Keys to Effective Motivation* 的作者 Reginald M. McDonough 提出的四個重要的元素，這正好也能為個案的青年人帶來啟發。

打造有動力的工作環境

1. 隊工營造

我們可反思所處的工作羣體是一個怎樣的隊工？工作的氣氛怎樣，是和諧？融洽、競爭、挑戰？有一起工作的感覺嗎？還是大家只顧自己工作，忘記了羣體間在公在私的互動？團隊間能彼此接納嗎？感受到隊工的付出與補位嗎？願意承擔及在愛中彼此分享與建立嗎？

記得自己初入行，每天很享受上班，從來沒有不想上班的念頭，全因與一班死黨、同事一起捱過喜、怒、哀、懼的時刻。大家忙中彼此扶持，閒時説説笑笑。這種團隊關係使我對公司產生歸屬感。

2. 工作環境的穩定性

對於某些人來説，穩定性是一個很重要的元素。穩定能讓人心裏有平安，除去顧慮，全情投入，專注工作範圍。如果一個人的工作時間常因不同理由變動，甚至經常需要在私人時間處理工作問題，會讓人失去秩序與節奏，也失卻自主與自由。工作日程常被打亂，對未來的工作沒法預測，是一個很消耗心力的過程。若然打工仔心中有安全感，不需為未來憂心，自然會事半功倍。

3. 員工得到肯定

認識一個職場小薯，出來工作幾年，收入不錯，卻依然覺得迷惘與停滯不前。能力與工作錯配，使他在工作上無法得到滿足，得不到認同，自尊感挫敗。

很多時候，打工仔只想在工作中發揮所長，從中獲取滿足感；盡力過後，獲得上司、同事的正面肯定。這些點點滴滴自能成為工作中重要的推動力。

4. 工作具挑戰性

你的工作具有挑戰性嗎？哪一種挑戰能為你帶來最大的滿足感？喜歡具挑戰的任務嗎？有年輕人透露，從起初帶着熱誠前行，工作看似很適合，但是時間過去，熱情淡了，已經沒有什麼感覺。

猶記得有幾次面對艱難挑戰，不分晝夜地工作，日夜顛倒，也試過流着眼淚，默默工作，但我依然喜歡具挑戰性的任務。任務愈難，愈有動力迎戰。每次跨越一個難關，就能看見自己面對逆境的心靈力量又提升了，或許就是這份小小的成就感，叫自己保持工作的動力。

檢視動力的來源

我們可以上述四點檢視現時自己的工作處境，看看哪一個最能反映自己的現況。若是隊工團結及工作具備挑戰性，你可以更主動的回應及參與。有關隊工的打造，只要你是其中一員，便可向大家分享你心中的期盼，嘗試探索大家的共識，當然心中也要作好準備，有些事情未必即時見效；只要繼續身體力行，實踐心中理想的隊工，總會有一天能發揮這份影響力。

若是有感工作欠挑戰力，可以開放地向上司分享你真實的感受，重新評估一下工作內容，是過於你所能承受使你失去動力，抑或是內容太單調未能引發你對工作的興趣。透過調整，相信有助加強向前行的動力。

如果是工作環境不穩定或太穩定，可能要問自己，這份工作仍適合自己嗎？短期仍可嘗試適應，但長期未能適應，可能要考慮轉換環境，這對自己與公司或許都是一件好事。

至於員工得到肯定，並非一個小薯可以掌控的，只管盡力盡責完成目標。不過，肯定的是，先學會欣賞及肯定自己所付出的努力，別人對自己的肯定固然重要，但不必完全依賴。即或未能獲得從上司來的肯定，也可以享受工作達標或團隊合力打拚的過程。

工作動力是一個經常出現的課題，失去動力的確不太理想，但我會看這是一個成長機會的過渡期，沒有欠缺，哪有提升。每次跌落谷底，都是為下一次攀登高峰作準備。所以，不要怕掉到谷底，好好與它共處吧！

學會處低谷，未來就更懂處高峰！

你夠獨立嗎？

我是家中獨子，剛剛大學畢業。從小到大，都在父母悉心栽培及安排下成長。我的學業成績一直都名列前茅，並且精通兩文三語，爸爸媽媽說學什麼、哪條路好，我便跟着走……

阿晶自小在父母安排下過着規律的「乖」孩子生活，習慣了生活大小事情都被安排、被計劃、被照顧。與阿晶相處後發現，他常把「阿媽話」掛在嘴邊，彷彿成了口頭禪，然而他並不為意。

我與阿晶分享這觀察，並坦言這樣予人一種依賴父母，不夠獨立的感覺。他聽後表示反感，繼而列舉很多例子表明自己是有想法、主見的人。例如：他說不喜歡食魚，父母不能強迫他進食；自高小起，每年暑假都是他決定全家旅行的地點，曾試過父母提議去歐洲旅行，但他堅持去日本，最終父母都聽他的「意見」；參加遊學團時，他懂得照顧自己，只是再談下去，得知遊學期間，媽媽去了他遊學的地區，遙控照顧……

我在想，阿晶是獨立，還是自我？是有主見，卻依賴？習慣依賴的人，可能懶於思考；因為凡事有人代勞，根本不須思考。求學時期，儘管被動、懶於思考、逃避責任，但只要學業成績優異，升學路也能一帆風順。不過踏入職場，被動、逃避責任、懶於思考會讓我們裹足不前、不敢突破、龜縮於安舒區。

如何可以學習獨立呢？依照辭典的解釋，獨立就是不倚靠他人而能自立。獨立的相反，就是依賴吧。你依賴的，可能是父母，也可能是別人。生活上的依賴，就是自己常常不決定、不嘗試、不行動，交給其他人代勞。

依賴，可能是父母太過呵護，可能是不相信自己，總覺得別人的決定或行動比自己好。要是不相信自己，最好就是別人替自己做決定，害怕決定帶來惡果。

獨立是要學習的

學習獨立，首先要學習相信自己，願意為自己的決定承擔責任。這不是說相信自己的每一個決定都是對的。我們會做對決定，但也會有做錯決定的時候。即使如此，也可以從中學習。

日本漫畫《男兒當入樽》中，籃球初學者櫻木花道在比賽中犯錯連累球隊輸掉比賽，櫻木的隊友流川楓看見他失落的樣子，便對他說：你犯錯根本一早就預了，就像死亡與交稅是無可避免的。言下之意，作為初學者，犯錯是必然的。學習獨立，學習相信自己，也學習從失敗中走出來。

學習獨立，也是對自己一門紀律課。今天資訊科技極度發達，就算在外地留學，還是可以隨時隨地藉互聯網與家人、朋友即時溝通。遇到什麼事都可以求救，很難學到獨立。要離開安舒區，就是當遇到困難時，決意靠自己解決，這是對自己的一份操練。

獨立，就是能夠自主，為自己負責任。獨立的人自主性比較強，也會獨立思考和實踐。獨立的人控制情緒的能力較強，也較理性，不會被情緒牽着走。這是一些對獨立的說法，你又怎樣理解獨立呢？

成長的過程中，我們聽說了很多不同的思想、說法，告訴我們成功就是讀上最有「錢」途的科目，成功人生就 30 歲前置業。這一切一點一滴在我們生命中累積，成了生命內裏的限制，限制我們的夢想。

獨立，不單是不再依賴他人，更可以獨立思考，思考一個真實的人生。

獨立是一種鍛練，
今天就學習自己做決定，承擔後果吧。

工作動力不一定來自錢

工作了幾年，公司穩定，收入不錯，同事相處也算融洽。工作不是最有趣，但與本科有關，看似沒有抱怨的理由。只是看見一些朋友辭職創業，日日滿有熱情工作，又心大心細想出外闖闖……

近年有些新遊戲一推出，總會鬧得滿城熱哄哄。一羣年輕人熱切追捧，打得廢枕忘餐，日以繼夜，夜以繼日，絲毫不覺疲倦。我們對遊戲的鍾愛與熱情，會否也可以在職場上發揮出來？

工作的其他動力

不少職場薯仔，工作了兩、三年，漸漸發現工作的動力不只來自賺錢，不少人開始思考工作的其他意義。

1. 工作是我的興趣嗎？

很多人開始想，現在的工作是不是我的興趣。換句話説，工作有沒有可能從自身的興趣出發，又或把自己的志趣也融入工作裏？我們不時看見，有些人願意放棄穩定的工作，轉去其他行業重新開始，也有人辭職以後，選擇自己創業。

過去幾年，我認識很多創業的年輕人。他們把工作與興趣結合，嘗試開闢一條新路徑。有一對朋友，開了自己的工作室，一個仍在學院讀設計，打算以設計為職業。除了日常接設計工作，也會預留時間參與一些社區計劃，希望藉自己的設計為弱勢社羣服務，完成一些更有意義的事。

又有一位朋友，在外打滾了幾年，認定自己喜歡製作乾花，便以乾花製成不同的作品，並開班教授，得着把興趣轉化成事業帶來的滿足感。每次聆聽她們的故事，總會感受到她們對工作那份熱誠熱愛。

2. 工作能建立團隊關係？

年輕人着重羣體，喜歡與同伴一起追求共同目標，共同完成一件事。在工作中，他們能不能與同事建立團隊關係？能不能投入其中？若然能建立一份歸屬感，就能與隊友共享成就，也能為身邊人的成就而喝采歡呼，互相鼓勵。這份自然走在一起（work together）的力量，充滿驚喜與感動，是一種具爆炸力的羣體熱情，能讓人更加投入其中。

曾在一場社關運動中，見證一羣陌生的年輕人運用線上工具統籌，收集所需物資與資訊。他們彼此配搭與補位，結集力量，聚焦行動，為着目標而努力。

年輕人的凝聚力很強，對人比較開放，容易聚在一起，在茶餘飯後吹吹水，就能為生活文化增添無窮無盡的創造力，為日復日的工作流程中加添了不少新意。

這些例子告訴我們，只要找到自己關心和熱情所在，找着同行的夥伴，就能打破很多既有的限制。這些跟薪水多少是沒有關係。「一起」及「共享」都是現在年輕人工作中所重視的元素，能引發年輕人內裏的生命力，燃起熱情，可以把我們從死寂的工作中被喚醒！

大熱遊戲 Pokémon Go，創作者 John Hanke 一夜成名，背後卻有一個傳奇的志業故事。他和團隊經歷了 20 年的創路旅程，走過無數的起跌，在未知中累積成果。他們不斷嘗試，結合時代的要求與經驗，發揮創新的意念，創作這個全球追捧的遊戲。這是一個帶着想像與工作熱誠前行的團隊，吸引了有志的年輕人加入他們成為一份子，而這或者也是我們今日在職場中學習與打拚的借鑑。那麼，你找到你的志業嗎？

薪水不是一份工作的全部。

先學做人，後學做工

我的DSE成績不理想，放榜後沒打算再讀任何課程，撇脱的踏入社會工作。對於一個只是考完DSE的年輕人來説，可以選擇的工作實在有限。我的第一份工作只是在便利店當店員……

阿成沒有亮麗的成績表，卻腳踏實地工作，便利店老闆欣賞他做事有條理，也能把小貨倉執拾得妥當。後來，有新員工入職，老闆把教導新人的責任交予阿成。然而，不久後店舖易手。新老闆是個做事愛催逼又「腌尖」的人，阿成受不了她的高音頻質問和「奪命追魂call」，決定辭職，另找新工作。

便利店的工作經驗，沒有為阿成的轉工帶來優勢。輾轉間，他在薄餅店當店務員。初期小至包裝外賣、一般廚房雜務；大至存貨管理等也須兼顧。經理欣賞阿成做事作風，漸漸把更多的責任交給他。除了負責訓練新同事外，薄餅製作及出貨的流程也交給他跟進。一年多後，薄餅生意競爭激烈，公司縮減分店，阿成無奈被裁員。

學歷一般，工作經驗寥寥可數的他，能選擇的工種不多，最後阿成去了做倉務工作。面對新工作，他仍然專心致志，再次獲部門主管賞識，鼓勵阿成學習駕駛叉式剷車，考取車牌。

阿成沒什麼夢想，中學畢業後，對所謂的前途還是不太掌握。情況或許與不少時下年輕人一樣，既沒有「標青」的學歷、特別技能，也沒有宏大夢想。但因着做事踏實、妥妥當當，讓他在跌碰中仍能一步一步向前走。

在這個強調贏在起跑線、入名校、升大學，然後搵好工的時代，阿成的故事告訴我們，良好的品格也可以讓初職青年走上一條美好的人生路。

成績好怎及品格好

近年有不少的研究指出，品格良好、人際關係佳的年輕人，他們成功的機會遠大於只有成績好的年輕人。

曾有調查訪問企業高層，怎樣的人能夠成功？總結大部分高層的答案，能成功的往往不是最聰明的人，而是那些能夠與別人合作，解決團隊之間衝突、分歧的人。換句說話，就是能凝聚、團結團隊的人。這些人通常都是友善、負責任和誠實的行動者。只有這樣的合作關係才會有忠誠，而不是單單因為利益、計算而走在一起。

未來的時代，是一個以專案工作為主的工作形態，也就是一時與這羣人合作，完成一個計劃；然後，下半年又可能跟另一批人一起完成另一個任務。走在一起的，更可能是跨界別、跨專業的專才。大家在各自的範疇都是專業，怎樣好好與不同的人合作？

品格代表我們是怎樣的人。我們是崇尚競爭，還是着重互惠惠利？是斤斤計較，還是樂於分享？是保護自己，還是甘於犧牲？是自視甚高，還是尊重別人？是自負，還是謙卑？

阿成甘於從小做起，也樂於把經驗與其他同事分享；部門主管願意提携他，容讓他有更多的發揮，正正是欣賞他的為人。

三歲真能定八十？

有說，三歲定八十。踏出社會以後，應怎樣培養品格呢？可能自己早已積累了很多壞習慣、臭脾氣，這還可以改變嗎？

我們一般都認為年紀愈大，習性愈難改變。但是，我們聽過很多「洗心革面」的例子。能否改變，在乎我們的意願吧？是否願意細察、反省自己的一言一行？是否願意學習謙卑看自己，讓自己的生命不單只看見自己，更看見別人？

最重要的是，我們有否這種醒覺？品格的培養，不是為了增加自己的競爭力。良好的品格決定我們的生活，是否幸福、快樂。幸福不是因為大魚大肉，而是因為愛，有愛自己的家人、朋友，這與成績、成就無關，而是我們懂不懂得去愛。

即使過了青春期，培養品格還未遲。

如何爭取加人工？

John 入職時知道工作的起薪點偏低，人事部卻說公司如何重視員工，如何 pay for performance。於是，John 想只要努力工作，總會得到應有的回報。通過了試用期，一心期待薪金調整，可以擺脫「窮忙族」，怎知一看新糧單，金額仍紋風不動！他與上司理論，對方反過來勸他，要喜愛自己工作，不應斤斤計較，瞬間他竟覺得有點內疚……一個職場新人可以怎樣為自己爭取？

John 的經歷讓我想起藝術史學者德光宮（Miya Tokumitsu）的著作 *Do What You Love: And Other Lies About Success and Happiness*。作者採取了一個另類的角度來看工作與待遇。根據她的說法，近年流行 Do what you love（做你喜愛的工作），或稍為偷換概念，Love what you do（喜愛你的工作）。

既然大家正在做自己喜歡的事情，不少老闆、上司理直氣壯地要求員工、下屬不單要專業，更須百份百投入，不應着眼於薪酬、工作量。這似乎叫打工一族在要求改善待遇時，倍感有口難言……

她在書中做了一個不科學的實驗。每逢接觸到舊雨新知，她嘗試不問對方的職業，也不介紹自己的工作。然後，她發現大多數人不足四分鐘，就會聊到有關自己或她的工作。看來，大家都慣於以職業認識及定義一個人，是一種身分的象徵。

2017 年初，《Breakazine!》訪問將近 2000 位就業一至三年的年輕人。40% 受訪者關心收入能否足夠供養家庭，反映他們不只在意個人需要，也希望幫補家計；30% 受訪者重視工作能否實現理想。

按世界經濟論壇的最新統計，千禧代的平均工資竟低於 X 世代（Generation Xers）約 40%，難怪有 30% 多青年標籤自己為「窮忙族」。另外，近年出現另一個名詞「月光族」，即每月花光收入的一羣，也是許多年輕人的寫照。

想向老闆說要……

可見新一代並非只向錢看，他們期望獲得合理報償，應付家庭開支之餘，也公平反映自己的市場價值。不過，當你就待遇而有所提出時，有幾方面需要格外留意：

1. 計算清楚你的「談判籌碼」

你必須展示個人實力，或在工作職責上有所提升。相比市場或同級同事，表現更為出色，讓老闆、上司看到並認同你的價值或表現。起碼覺得你的要求合情合理，才有機會繼續協商，否則只會自討沒趣。

2. 想清楚你到底要什麼

你的目標是否只有薪水？若主管說公司要開源節流，無法在薪酬方面改動，你會否提出其他替代方案？例如要求給予培訓機會，或委派一些更重要的任務，為自己增值，為將來發展鋪路，也間接反映你對公司前景有信心。

有一次，我的主管呈辭，我向老闆表達興趣，但公司表示正凍結該職位，於是我主動表示願意分擔一些以前上級的工作，當作訓練體驗。之後，老闆可能認為我的經驗較其他員工適切，職位解凍後，第一時間就擢升了我。

3. 弄清楚老闆到底要什麼

談判專家稱，談判時最重要儘量從對方身上獲取最多情報和底線，而「鏡映模仿」（Mirroring）是其中一個途徑。你可透過重複對方的兩、三個重點，除了表示你在聆聽，也表達一種願意配合的態度。這樣，老闆、上司會覺得大家同坐一條船，絕對是促成談判成功的基礎。

4. 預計好自己的去向

由於主管不只你一個下屬，行動千萬不要太高調。有一次，有同事成功爭取加薪後，大宴親朋，惹來同事不滿，也令公司非常尷尬。反過來說，若爭取失敗，也要平心靜氣，保持良好的關係，不要意氣用事。哪怕是留低或離開，都應該事前預早思考，為自己做好職涯規劃。

5. 選擇適當的時機

曾有同事以「辭職」作為談判籌碼，以為公司會加薪挽留，怎知弄巧反拙，老闆決定起用一些薪水低的新人代替，同事只得離開；也有朋友在公司成功投得一個大項目時，趁機向上司提出加薪，雖然如願以償，但項目結束後，發現公司不再重用他，原來上司覺得他威脅加薪，他終於領略不要求眼前短暫的好處，而忽略長遠的利益！

總的來説，我們必須多了解市場趨勢、公司的人事管理理念，也要檢視自己的工作實力，客觀看待薪酬待遇。年輕人爭取合理加薪，無可厚非。然而，職場新人最重要還是多專注工作方面的學習，提升個人知識、技能、情商，以致能夠進一步發揮個人的潛質與專長。長遠來説，這些要素會帶給我們在職業生涯中最大的滿足和價值！

爭取加薪前，先檢視自己，
你累積了足夠實力嗎？

小結：賺幾多先夠？

「賺幾多先夠」這個問題蠻有趣。

很多人打工如此辛苦，都是為了一份薪水，希望有一天賺夠的時候，可以休息，甚至提早退休。那麼，究竟賺幾多先夠？

我從一個網上討論區看到有些人的搞笑回應：

A：多賺多使，少賺少使；搵一萬幾千一個使法，搵十萬八萬又係另一個使法！

B：除咗果啲食最低工資僅僅夠維持生活嘅人，大部分人儲唔儲到錢唔係睇你搵幾多，係睇你用幾多，邊有話夠唔夠㗎！

C：月入皮五同五皮一樣可以月月清。太多咁嘅人！

D：我有 200 萬就夠退休了！

E：當你賺到想要嘅金額，你生活又會唔同，所用嘅錢又會再有唔同，所以真係好難界定搵幾多先夠用。

F：希望可以月入六萬左右，買一個實用面積 600 呎單位自己一個人住。早啲供完就可以去旅行，就差唔多安樂死吧！

你的工作是什麼？

今時今日，每個人都有一個自己的「最低工資」，就是一個可以維持你基本生活條件的收入，不用工作過勞，天天加班，做幾份兼職。事實上，一份職業只是一個人「工作」的一部分。

一個人的工作，包括了休閒、發展興趣、家庭生活、愛情和友誼關係及義務工作種種，從而成為一個整體。從這個觀點看，所謂賺幾多，不是純以金額衡量，而是先訂下你的生活目標和計劃，再計劃你想要多少打工時間，才看看你可以賺到多少錢，賺的錢又離你的生活所需有多遠。

這想法有點奇怪，甚至變態，令人容易感覺不穩妥。其實穩妥與否，視乎你如何看。外國有調查指 30% 年收入逾 25 萬美元（約 195 萬港元）的家庭，不認為自己屬高收入，因為當他們在現實生活或媒體上，看見其他更有錢的人，就覺得自己的生活沒那麼好。

但是，當你的眼光不注目他人，沒有比較。只是走自己喜歡的路，就能過着很滿足的生活，也不會覺得要追逐什麼。

很多人往往只看到在物質上不知足，活得苦惱，其實賺得更高的薪水，卻忘了累積個人軟實力的重要，例如自己解難、獨立處事、情緒智商（EQ）與人相處等能力等。

我給敬業樂業的最新演繹是，一種重視生命質素的態度，才是熱愛工作的先決條件。

四、職場最難搞的是人

創路新手心聲

容健源

工作實習，第一次跟師傅工作，心情難免緊張。第一天到達陌生的工作環境，遇到許多不認識的人和事。但是，同事都好熱情，師傅又很照顧我，令我可以儘快適應負責的工作及環境，一段時間之後已能夠掌握所做的工作，例如基本文書操作及使用影印機等文職工作。

除了教導我工作技能之外，師傅亦教導我做人處世應有的態度，將曾經歷的事情與我分享，讓我從中學習，有所得着。即使我工作上出錯，師傅都耐心教導我，提點我，同事也會對我作出提點。

師傅會與我傾談，了解我的情況，例如未來升學和目標等，從中向我提點，交流意見，無所不談，也樂意與我分享自己的事情。我們亦師亦友，看見我工作辛苦，他會叫我休息一下，十分關心我。有時我不明白工作上的問題，師傅都會解答，並且講解自己負責的工作內容，令我對公司有更多的了解。感謝師傅最後對我的說話，希望自己能夠做得到，感激師傅一直以來的教導及提點。

Kitty Chan

人際關係其實真是一個好大的學問。每個人總有長處同短處，因此有時與同事溝通時都會遇到一些磨擦。

在工作上遇上難題，我會嘗試自己解決；如果真是解決不了，我會勇於發問。

莊韶賢

遇到年紀較長的同事，我起初不太會跟他們相處，但發現只要有耐性了解他們，相處便會變得容易。就算換了不同工作，仍可與同事保持良好的關係。即使在不同職場，仍可和同事相處融洽。

如遇到疑難，我會先重溫自己的筆記。從中尋找解決辦法。如果沒有，便問同事、上司，請教他們可以如何處理。我先自己嘗試，要是不能解決，才找別人幫助。

方僖欣

起初我只是為了想令自己變得外向些，所以選了在挪亞方舟實習。實習過後便發現自己其實並不特別喜歡些較靜態的工種，像在辦公室工作等，感覺挪亞方舟應該會比較適合自己，便決定留下來繼續工作。在這工作中，我慶幸能有一班好同事，無論發生什麼事，大家都不會計較太多互相幫助。

不過這工作始終是服務性行業，當然會遇到不同的客人，有友善的也有難纏的。當遇到難纏的客人依然要保持笑容，耐心聆聽他們的訴求，這樣才能提供一個合適的處理方法，而又不會令他們的不滿情緒升溫。

工作中有時會因為客人無禮的說話而影響到自己情緒，這時候要學懂調整心態，客人罵什麼自己聽完就算，不要放在心上。當然有時也會遇到客人體諒自己，這時會感到特別高興，更有推動力去把工作做得更好。

自從自己從事了服務行業後，就會明白服務行業的員工的辛勞，會對其他從事服務行業的員工多了一份包容和體諒，不會因小小問題就無理取鬧地留難他們或是要投訴。

顧建輝

與同事間很少有相處上的困難。的確，有些同事親近些，有些則一直抱有敵意（不外乎出於比較）。曾經歷大小不同的中傷，但我不太理會同事間的閒話，而是按工作本身原則，符合上司要求。有時能力實在不足以致做錯，便勇於承認，不作多餘辯解。

有職場上有疑難時，能有勇氣問同事、同業的朋友和教會的弟兄姊妹，我稱這些都是我寶貴的同行者。

陳偉成

轉眼間，在這個職場上已踏入第八個年頭。最初，我工作常碰釘，多謝同事包容，諒解有聽障的我。當我出現了錯失、被標籤，對答又心直口快，到後來懂得轉念思考，學習做人之重，不在乎彼此間「計較」得到剎那「虛榮感」，而學做事要想多一步，照顧往後日子活動安排。

經營了差不多八年與同事相處之道，明白職場中沒有永遠朋友，因為往往涉及利益。真正朋友？一至兩位就足夠。應對職場上的疑難，要尋找一位「多年能夠為己信任朋友關係同事」，彼此共勉之。

我不能被你記住？

入職已有一段時間，仍被同事喚錯名、說錯姓。上個星期喚我 Peter，今個星期叫我 Timothy，下星期可能稱我 Kevin……難道是我的存在感低？還是反映個人品牌不鮮明？莫非要我天天把名牌掛在胸前……名字分秒掛於嘴邊……

從事人力資源的公司素有招募見習生（trainee），他們通常會被安排到不同單位實習。在一次定期約談，見習生 Jeannie 表示在甲部門工作四個月，到快要調離的時候，同事們還是叫她做「trainee」，連名字也省得稱呼。就算坐在對面的上司，也只是喚她 Jane、Jenny、Janet，完全弄不清楚她「姓甚名誰」。不久，在會議中相遇，自己忙不迭跟舊上司打招呼，對方好像與她素未謀面，差不多把她視作透明。原本充滿自信心的 Jeannie，愈說愈沮喪。

若然身邊有其他認識你的人在場，或許可以幫忙修正，也可以在談話間，正確地稱呼你，希望加深對方的印象。話說曾有合作部門的主管，老記錯我的名字，於是我在文件上，加貼一個 post-it 註明自己的名字；甚至有一次特意將文件親手交給他，讓他可以把人和名字連接。後來，我發現這些簡單舉動挺湊效，那主管從此再沒有喊錯我的名字了！

很多時候，我們都是通過與他人的互動，或藉着別人的回饋，想像自己在別人心中的形象或評價，從而建立自我的觀念。其中有一個重要的概念，就是 Charles Cooley 所謂的「鏡中的我」（looking glass self）。Cooley 指出我們很大程度被生活中接觸的人影響。他們對我們的行為、能力的反應和回饋，直接影響我們對自我能力的認知。「鏡中之我」形成的步驟包括：

1. 想像自己的外貌或行為，如何出現在他人腦海中；
2. 想像他人對自己的外貌或行為作出的評斷；
3. 然後按他人的評價，塑造自我的感覺和反應。

重要的他者（significant others）的看法，例如父母、老師、一些我們重視的人，影響尤其深遠。Jeannie 自然看重上司的印象或反應，受到的衝擊格外深刻。不過，我們也要明白繁忙的工作間，人際溝通的空間實在有限，尤其在一些人事轉動頻繁的情況下，同事一般對新人比較麻木。這大概是有關情感、時間投放的問題，而非真實反映別人對你的評價。

打造你的形象

說到底，我們不單想別人記得我們的名字，而是希望能夠給予對方良好、深刻的印象，以至進一步建立關係。關係的建立必定是建基於彼此的認識，一方面是透過外界反應，建構自我形象；另一方面，藉住個人的揭露（self-disclosure），讓別人進入你的世界。自我揭露是一種特殊的溝通過程，正面地把自己的資訊與內心感受，向其他人分享。

換言之，是你主動發放的信息，企圖增加別人對你的認知。有時候，我們為了營造、投射某種形象，會有意識地在談吐舉止、衣着外表方面影響別人的觀感，一般稱為印象管理（impression management）。

雖然聽起來似乎有點人為，有點造作，但想深一層，我們就只能通過自己的表現，期望別人看見理想的你（ideal self）和真實的你（authentic self）。第一個印象尤其重要，原因是大腦基本上對於新植入的信息，會有先入為主的記憶，要扭轉既有印象非常困難。因此，我們要有意識地，在人際交流中，呈現理想的自己。更重要的是將兩者拉近，以致可以自在地活出自己，否則只會淪為虛假的扮演！

同時，研究發現，開放自我的程度愈大，人際關係滿意度愈高。因此，學習開放自己，也接受別人的回饋，不但可以提高自我認識，同時有助同事間良性互動。

其實，我也有忘記別人名字的時候，所以對別人的反應不用過分敏感。總要以平常心面對，從不同人的眼中，加深對自我的了解。同時，藉適度開放自己，慢慢將「真我」與「鏡中的我」結合起來，孕育一個健康的自我！

話說回來，近年互聯網、社交媒體的湧現，我們不禁要問：虛擬的世界所反映的你，又應如何理解，並會帶來什麼效果？別人認識的這個你是否你的真我？

想別人記得我，我也要記得他人，
並讓人準確認識我。

商場無父子，職場無深交？

職場上，是同事還是朋友，難以定論。每週相對四、五十小時，彼此的話題卻只是淺談，離不開工作，或公司的是非。誰能料有天「朋友」會為了升職上位而利用我，甚至陷害我？究竟在職場上，能交上真心朋友嗎？難道與人交際要建一堵牆？然而，我卻不想戴面具、假惺惺的示人……世界就不能單純些嗎？

剛畢業的阿 John，曾聽過不少在社會上爾虞我詐的真人真事，就立定心意，不要感情用事，誓要做到公私分明。但上班後不久，他發現自己經營的所謂安全距離，竟漸漸變成一道自我孤立的牆，不止成為同事間的隔膜，工作好像愈來愈跟生活脱節。他頓時感覺迷惘，究竟應該「有牆」、「無牆」？

很多研究結果證明，辦公室友誼有助提升工作滿足感。就 LinkedIn 的數據，約 57% 千禧代受訪者認為良好同儕關係，不單讓開心指數擢升；更有 39% 表示，這有助提高他們的生產力。

不過，根據 1985 年調查，一半美國人聲稱有好朋友一起共事；到了 2004 年，數字跌至 30%。數字反映出今天要在工作間建立親密友誼，似乎比起從前困難得多。這個現象到底表達了什麼？

付出多收穫少，誰要？

根據 John Thibaut 和 Harold Kelley 的「交易理論」（Social Exchange Theory），人際互動通常取決於彼此交往的價值。簡單來說，一般人都期待高回報、低代價的交往。

代價與收穫隨着不同的人與人生歷程而有所改變。人們在代價高於回報時會考慮中止關係，不過環境有時也會讓人繼續留在不滿意的狀態中，直至有更好的替代。

交易理論不僅點出職場人際互動的其中一個關鍵，也說明功能發揮與情感流露兩者之間的糾結。只是每個人對關係的定義或滿意程度有異，所以我們必須了解自己的需求和界線。

記得初入公司，很喜歡跟一些同期入職的新人走在一起，而我與其中一位特別投契。漸漸地，她開始建立不同的人際網絡，彼此的關係就漸次疏離。當時，我覺得她為了工作前途，故意與一些同事「埋堆」，心裏很不是味兒。

對她來說，職場是講求效率和生產力，特別當工作愈趨忙碌，自然愈講求時間回報。故此，同事間的交往被視為一種功能，期望能夠得到合乎經濟效益的回報。當我理解她的心態，自己嘗試換個方式相處，倒能保持良好合作關係。

其實，能夠與同事建立深厚的友誼，固然值得欣喜，但雙方必須成熟對待雙方的關係，才可以公私分明，在工作中確保中立和持平。尤其我從事人力資源，更要做到保密、公正，絕不可以有任何偏頗。曾經目睹身邊的同事，太想討好一些人，影響執行工作時的專業判斷，最後換來公司的不信任。

我們都是過客

另一個因素，其實與後現代的職場生態有關。今天，一般人的職業生涯平均經過五、六份工作，尤其現在流行合約員工、外判人員、自由工作者，企業不再稱僱員為 permanent staff，也不會保證永久僱用。

這些因素促使我們重新思考如何看待同事間的交情。若投資了時間，投放了感情，換來的只是一些短暫、表面化的關係，我們都會有所保留，免得虛耗精神，倒不如多花時間在一些長遠、有意義的關係上。

不過，友儕共事會增加滿足感，也可正面帶動整個團隊的表現。因此，很多公司還是願意花資源提升同事關係。例如 Google 和 Facebook，主要透過大伙兒食、玩增進感情，並有研究證明這為最有效的辦法。LinkedIn 也會舉行 Bring in your Parents Day，有點像我所屬機構每年舉行的懇親日或家庭日，促進工作間的家庭氣氛。

近年，有很多機構組織「舊生會」(alumni)，打造平台讓離職員工可以延續關係。例如，我雖離開上一個僱主超過 10 年，昔日同事還是定期聚會見面，分享不同的經驗、見聞，有助建立長期而珍貴的友誼。

密芝根大學教授 Jane Dutton 告訴我們，職場中高質素的互動，不一定需要深厚或親密關係，只要互相尊重、信任和投入，足以為任何交往注入新的動力。哪怕只是一次接觸，也有機會轉化成為日後的一段關係！

我們每一個人都同時受到環境和價值觀影響，必須在「功能」與「感情」之間，儘量取得平衡。無論如何，真誠待人是個人的修養，也是讓心靈富足的機會；只要加上理性判斷，必定可以孕育出正面、健康的關係。

在職場交朋友，不只講功能，
也講感情，值得放手一試。

從杯子檢視你的人際關係

我覺得自己在職場的際遇不太好，總不易與同事相處，甚至熟絡也不容易！

不知道大家會不會放一隻杯子在辦公室？

不少人第一天上班時，都會自携一隻杯子，放在辦公桌上，既有實際的用途，也為工作環境增添一份熟悉感。每當拿着這隻杯子，就像為自己打打氣，加添一份力量。

我曾收下不少杯子。這些杯子，各有特色，也別具意義。於是，我總愛把杯子放在玻璃櫃，不捨得用，珍重杯子本身承載的一份友情與關係。

我放在辦公室的杯子，也是朋友送的，手柄是一隻討人喜愛的貓爪，因而引起路過同事的興趣，試試貓爪杯柄能否拿得穩妥。憑着這隻杯子，結連了不少同事，也打開了不少話題，有些甚至因而成為相熟的朋友。

別小看一隻杯子。一隻杯子可以打開話題，結連關係，也能讓我們反思自己在職場上是個怎樣的人。

你的杯子像你嗎？

如果你現在在辦公室，不妨拿起你一直用的杯子。花幾分鐘觀察，你看到什麼？普普通通的一隻杯嗎？能看見這隻杯子和你在職場上走過一段怎樣的歲月？留在杯子上的歲月痕迹，對你有什麼提示呢？你可依着以下的問題，檢視杯子，也以此想起自己的工作態度：

- 杯子外型是否美觀大方？你給人的感覺是否舒服？
- 杯子可承載的容量是多是少？你是否有足夠的能力承擔現時的工作呢？
- 這杯子有多少種用途？你是個多元化的工作者？
- 這是否一隻耐用的杯子？你是不是一個捱得又堅持工作使命的人？
- 這是不是一隻容易拿得起的杯？你是個平易近人的人嗎？

- 這杯的內外有沒有污漬？你有沒有帶着一些不良的工作模式面對工作？
- 杯子有蓋嗎？面對衝突時，你能保持開放嗎？
- 杯子有沒有破口？你有沒有成為工作羣體的破口呢？
- 這杯容易被摔碎嗎？在職場中，你是不是一個容易受傷的人？
- 這隻杯常用嗎？你是否清楚自己的工作使命，並每天實踐？

有一次帶活動，我請參加者檢視自己在辦公室的杯子。他看着自己的杯子，又大又美觀，沒有什麼問題，但我再引領他聯想，如果這隻杯子就是你，你在工作場景中有這個容量與承載力嗎？你對自己又有什麼發現呢？你滿意自己的表現嗎？

透過這次觀察，他恍然大悟。原來他一直對自己很寬容，卻對合作的同事很嚴厲，要求很高；在忙忙亂亂中，他總看不到自己如何對待身邊的人。而且，當他感到很大壓力時，會選擇逃避，而沒有那份持久的承載力面對工作上的困難。對他來說，這些反思是一次深刻的發現，讓他思考自己與別人的關係。

一隻杯子看似普通，卻因着常用，而能成為一個很好的提醒，就如上述的參加者。當他再拿起這隻杯子時，不多不少會想起這些反省，而這又成為他生活中一個最好又實用的隨身小提醒。那麼，當你拿起自己在辦公室常用的杯子時，又會有什麼發現？

常常反省自己如何待人接物，不斷改進。

罵人的都是惡上司？

應徵這份工作時，面試官很欣賞我，二話不說便答應聘請。上班後發現，當日負責面試的是我現在的上司。起初，我與上司、同事相處融洽，甚至有講有笑。可是好景不常，當我開始協助上司跟進工作後，天天都被上司責罵……心感沮喪。

阿珠畢業後加入大公司工作，卻多次被上司責罵，她被罵得信心盡失。最初，阿珠先反省自己，自己當然有錯，只是上司的責罵方式、語氣、程度，都令她感到難以忍受。

一個月後，阿珠決定向上司提出辭職。然而，這位常常責罵她的上司竟挽留她：「你的工作表現也不錯。」被稱讚，阿珠頓時「順返條氣」，暫時收回辭職的想法。然而，被罵的情況並沒有任何改善。雖然她理解上司工作壓力大，有時不慎發洩在自己身上，但是她仍感到很難受。不久，阿珠再次泛起辭職的念頭。

聽了阿珠的遭遇，我向她分享英超球隊曼聯的故事。曼聯前領隊費格遜（Alex Ferguson）常常在更衣室對球員破口大罵，故有「吹風機」的外號。後來，費格遜退休時，很多受教於他的球員，都非常感激他昔日嚴厲的指導。因為在他嚴厲的教導下，這些年輕球員逐漸成名時，才不致於未紅先驕，或在開始冒升的階段失去前進的方向。

罵我，是為我好？

初踏職場，不知何故頻頻被人責罵，心裏一定不好受。如果自己真的有錯，當然道歉。只是很多時候，根本還未弄清狀況，若然胡亂道歉、低頭沉默不語，或試圖辯駁，都不一定是好回應，只會加深上司對你做錯事的印象，沉默、辯駁更容易引起更強烈的憤怒。所以，當上司責備以後，可以嘗試這樣回應：「是這樣嗎？我會了解情況。」、「我怎樣做比較好？」、「了解，我會跟進。」

被罵後，在自己心情平復後，要好好的想一想、儘量客觀的想一想，也可問問同事意見，究竟上司是為你好，還是找你出氣？這能讓我們懂得怎樣適切回應。

要是上司責罵是為你好，責備的説話雖然難入耳，卻可能有助成長。相反，要是上司罵你只是找你出氣，長此下去，鬥志也容易受影響，離開或者是一個選擇。只是決定離開前，還是可以嘗試了解為何偏偏選中你？嘗試找出被拿來出氣的原因，或許能在離開以外找另一條出路。

我們總以為上司都是成熟，懂得管理自己的情緒，只是實際情況卻告訴我們並不是這樣。可能是業績的壓力、可能是繁忙的會議、可能是部門與部門之間的角力、可能是目標進度的凝滯、可能是辦公室的是非，身處高壓下，人就容易煩躁、不耐煩。

再者，不少人獲升遷，是基於他的辦事能力，而不一定是情緒智商高。升職以後，他們面對更多壓力和承擔，甚至要開始「管人」，只是很多上司不一定曾接受這方面的培育。他可能精於辦事，但不代表他懂得管人，甚至懂得管理自己、管理情緒。

作為下屬，我們一般只需面對一位直屬上司；但你的上司或者需要面對幾位下屬。所以，上司不必然是懂得管理；當他不懂得如何應對下屬的問題時，責罵是失控時的反應。

可見，上司找你出氣，原因有很多，所以要嘗試分辨上司的動機。若他在責罵中明確指出你要改善的地方，並提出具體的改善建議；即使是主觀、用詞狠辣，他應該還是為你好的。如果他的責備是小事化大、前言不對後語、言之無物，大概是拿你當出氣袋了。

查找上司的底牌

分辨以後，離開以前，我們仍可嘗試作出改變。若覺得上司的態度難以接受，倒不如放手一試，約上司吃午餐，坦白告知他你的感受。然後，問問他之後該怎辦，讓他了解你是期望改善問題，着重彼此關係的。這樣的嘗試或許能給未來的合作帶來新的轉機。

即使上司是「吹風機」，也可提醒自己要作一個解決問題的人，而不要讓自己成為「受害者」，老在問「為什麼是我？」、「我有什麼不好？」好好的、坦誠的、主動的、善意的約對方談一談。更重要的是，告訴上司，你希望解決問題。

無論什麼原因，被人責罵的確不好受。罵人不是好的教導方式。愛罵人的上司、師傅不一定是好師傅，但也不一定不好。重要的是，我們理解責罵背後的動機。

面對上司的責罵、情緒，沒有幾個簡單的步驟，能夠處理所有的問題。如何面對上司的情緒也是一門學問。無論上司的情緒如何，我們還是可以決定自己的態度、決定怎樣回應。

現在覺得上司罵錯我。
說不定好多年以後，經驗多了、看得多了，
才發現當天上司的責罵是對的。

男女大不同

工作間同事都是異性，我難以融入大家既有的圈子。閒談欠話題、想法欠共鳴、合作欠默契……我只能沉默順着走，彷彿在無形孤立了自己。

Peter 和 Mary 與客戶的會議時間拖太久，然而他們的飛機將於一個半小時後起飛。Peter 催促還在傾談的 Mary，認為準時抵達機場是負責任的表現；Mary 卻認為 Peter 中斷她的會談，嘗試向 Peter 說明自己的感受。沒想到他卻說：「我認為會議一切順利，只是太長了……」

曾讀過兩性專家約翰．葛瑞博士（Dr. John Gray）的暢銷著作《男人來自火星，女人來自金星》（*Men Are from Mars, Women Are from Venus*），以及他跟企業顧問芭芭拉．安妮絲（Barbara Annis）合著的《跟我這樣做，搞定職場關係管理》(*Work with Me: The 8 Blind Spots Between Men and Women in Business*)，書中就職場上男女性別差異造成的處境，訪問了 60 所大企業，超過 10 萬人次。Peter 和 Mary 的遭遇，就是從中節錄的一個小例子。

男女相處就是煩？

書中列舉了八項職場男女相處的盲點，指出我們對異性的誤解，可能會造成的錯誤期望和互動，讓我綜合演繹一下：

1. 男女溝通方式不同

最常見的不同大都是圍繞着兩性溝通的模式，而這也是最容易引起誤會。我們不要老希望改變對方，作者提出「性別智慧」(gender intelligence)，鼓勵大家了解兩性差異，並接受男女溝通方式的不同，就更能明白和掌握到言談背後的真正意義。

2. 不同的欣賞角度

簡單來說，男性較重視成果；而女性則着重付出了多少。所以，前者比較接受以工作評估、業績等衡量他的表現。相反，後者認為價值在於過程中付出的努力，故較抗拒用一些數據式標準評定工作的表現。

3. 女士感到被男士漠視

從工業革命起，職場一直由男性主導。雖然一些根深蒂固的觀念隨着時代漸漸改變，但在某些行業，仍未達到完全平等。不過，這感受也可能來自於男性傾向獨立；女的則嚮往親密的關係，享受團隊合作。譬如一個工作交下來，男性逕自轉頭自行處理，而女性則希望先找同事商量，然後一起完成。可想而之，女的容易認為被男所忽略。

4. 男士在女士面前如履薄冰

由於兩性的舉止或風格的差異，近 80% 男士認為有女同事在場，需要格外小心，例如日常用詞、社交禮儀、溝通方式等等。就以給女同事意見為例，很多男士覺得轉彎抹角勝過直接表達。他們感覺對方較脆弱，一旦有事即淚灑當場，叫人不知所措，因此會避開這些「高危」場景。

5. 女性有問不完的問題

70% 男性反映女性實在有太多問題，但是後者的確喜歡發問，哪怕已經知道答案。女性認為資訊愈多，愈能加增她們的安全感；另一方面，徵詢別人意見可以建立共識，符合她們一貫團隊的精神。可惜，女士鋪陳問題的方式，特別是在會議場合，有時會讓男士覺得被質疑，帶來負面反應。

6. 男性需學習傾聽女性

女性善於隨時隨地表達自己的意見，男士卻覺得這是一般的宣泄，聽後未必懂得回應，對方自然覺得又被忽略。還有，男士傾向解決問題，是 Mr. Fixit！在溝通過程中，本能很快作出判斷，打斷話柄，提出方案。可惜，他們捉錯用神，原來很多時候，女的只是尋求了解支持，而非尋求實質的行動。

7. 女的是否太情緒化

性別調查顯示男性一般會將自己正面或負面的經歷告訴最多 3 個人，而這 3 位是他認識或是有關連的人；女性卻有機會向高達 32 個人分享自己的經歷。看來，彼此落差相當大。在工作間，男性會儘量隱藏、抑制情緒，這是一種 in control（掌控）的表現；女性的情感較為豐富，抒發有助平伏心情向前行。

8. 男的是否感覺遲鈍

研究顯示，男士通常比較專注及利用線性思考，並會在第一時間作決定。女士則偏向先收集訊息，再經過內在及人際的整合，才作出決定。例如，在時間緊迫的處境下，女性覺得男性未有鑑言辨色，瞬間就跳到結論，忽略了其他人的參與或感受。

從八個盲點總結，一般來説，男性偏向目標導向，女性則注重過程。相對男性選擇沉默或獨自面對，不願花太多時間溝通，一心將事情儘快完成，女性通常會將情緒表達，也着重團隊關係。兩性正如兩刃劍，只要好好琢磨，嘗試多一些包容和欣賞，我們不單能改善溝通，也可以更全面發展個人的性格。

最要緊的是願意多聆聽，這已是踏出溝通的第一步！能夠多了解男女處事風格的差異，相信一定可以減少許多不必要的磨擦。

男女同事各有所長，彼此欣賞，
同儕互補，也是成長。

為同事留面子

同事甚或是上司屢次當眾說錯話，卻懵然不知。當下，為保他的面子，我沒有且不會直截了當指出他的不是。事後，我應該開口糾正他嗎？會否被他誤會，以為我要挑他的錯處，凸顯自我。然而，我卻沉不住氣……

昔日，同學之間有話直說，不拘小節，甚至互相取樂揶揄。剛進入職場，最摸不清楚就是工作間的人際關係和溝通。

香港素來中英並用，有一次在會議中，同事說他就新項目“insult”（侮辱）了其他夥伴！我當時嚇了一跳，想了一想，他應該說的是“consult”（協商）。當時，我立刻想要不要更正他？與會者接續討論，期間我嘗試用“consult”重複一次他的話，希望間接更正有關用詞之餘，對方也不會太尷尬。

我們都有盲點和出錯的時候，若非事關重大或重複犯錯，必須馬上提出，避免發生更嚴重的後果。否則，在一般情況下，我們還是應該靈活地回應，不一定每每直斥其非。那一次，我自覺處理得不錯，算是顧存了大局。

不過，不久之後，一次跟同事討論工作，期間我直率表達個人意見，他可能覺得我在唱反調，頓時面色大變，氣氛尷尬。事後，一位相熟的同事走過來，提醒我以後說話要小心，要給人家留面子等等。溝通真的是一門學不完的功課！

同事間的高難度對話法

《再也沒有難談的事》（*Difficult Conversations: How to Discuss What Matters Most*）的三位作者 Douglas Stone、Bruce Patton 和 Sheila Heen 均為法律專家，屬哈佛談判中心成員，更曾參與伊朗人質危機等談判。他們經過 15 年研究，包括數以千計的專業諮詢，整理了一套「高難度對話」的基本結構及對應，協助讀者洞悉成功對話的門法。

當中主要圍繞三種基本類型，若能夠適當駕馭，有助解開溝通的困局：

1. 事情怎樣發生？（"What Happened" Conversation）

一個經常出現的問題，就是大家對一件事擁有不同資訊和視點，造成各有各的故事。若可以先弄清楚事實，明白各人的認知，就可以針對差異，找到共同的目標，重新建構一個新的故事。

2. 有情緒怎麼了？（The Feelings Conversation）

在人與人交流中，感受往往是有效交流的關鍵。所以，我們應先了解什麼事容易觸動情緒？自己一貫的表達方式是如何？然後，我們要主動處置負面情緒，不要逃避，停頓、走開一下，都是即時防止情緒蔓延的方法，特別要避免衝口而出，說一些惹火，甚至人身攻擊的話。

3. 我的人格怎麼了？（The Identity Conversation）

有些對話比較複雜，會反映或折射個人的能力、性情及權力，衝擊我們深層次人格或身分定位。遇上這樣的對話，我們不要過分個人化（personalized），對號入座。反而嘗試冷靜下來，儘量平衡心態；同時發揮同理心，明白對方也可能跟你一樣陷入 identity conversation，然後重新校正溝通的目標。

有時候，贏了對話，可能輸了關係。所以，重點不是贏輸，而是記得尊重是最基本待人接物的基本態度，也屬於我們能力範圍以內的事。難怪，很多大企業都會把對人的尊重放在公司的核心價值，要求員工遵守，並在日常工作中實踐出來。

我相信，要是大家都抱着建立而非拆毀、尊重而非造假為出發點，我們不難做到理直氣壯，情理兼備地與他人交流，以至處理衝突。這不單止是職場的問題，近年社會上許多紛爭、撕裂，對話往往演變成一種對立、對抗。要記得溝通不等於表態，或許我們也應該多運用對話的技巧，深信真話與尊重可以並存，達致有效的溝通！

對話是門藝術，

不要以為成為大人就不用再學了。

我應該加入同事間聊八卦嗎？

清早上班，經過 pantry，好像總有幾個人圍在一齊，密密斟。然後，當你意圖進去，沖咖啡也好，飲水也好，他們立刻有默契地散開，從後面打量你。縱然言談間沒有指名道姓，但不難猜到他們正在數落某位同事。同事 A 看見了我，問我要不要飲杯咖啡。這道問題，咖啡是虛，是非是實。想了一想，雖說沒有不滿，但跟同組的同事熟絡一點，好像不壞……

有人的地方離不開八卦。或者因着工作，或者因着人際相處，看見幾個同事在 WhatsApp 羣組裏大數另一同事，猶豫自己應不應該插嘴，而不是當旁觀者？

作為新人，面對職場上的是非（gossip）似乎是必修科。講是講非，雖然明知不太好，但有時身不由己，令你無法拒絕，原因有：

- 作為新人，自然想儘快與大家混熟，被大家接受，甚至憧憬與同事成為朋友；
- 人生路不熟，不想自己因錯過什麼資訊而蝕底；
- 收集資訊，表現自己能融入社羣。俗語謂「是非做人情」，以示自己能掌握公司形勢；
- 未摸熟同事底細，不知如何拒絕。

令人苦惱的是，一旦加入戰團，會令其他人感覺自己好管閒事，不事生產，更容易讓自己降格到一個「八婆八公」的地步；堅持不參與，又怕自己遭孤立，不能埋堆。

而且，很多時同事之間的八卦，最後還會牽涉老細。當你膽敢背後談論老細是非時，有可能被有心造謠的人拖下水，成為反動分子，一天可能惹上殺身之禍。好像做怎樣的決定也會得失一些人，職場新人的心情，的確很矛盾！

所以，講是非前，要三思！

從人際關係角度，是非的主要功用，是製造一種共同語言，把人連繫在一起，增加一份團體歸屬感。但是，當歸屬感只不過建立在清談和虛擬的基礎上，這關係顯然不會穩固。畢竟，關係一定要建立在信任的基礎上。如果人人都在講是講非，這個辦公室根本難有信任可言，變得人人自危，怕自己成為下一個被嘲諷的目標。

遇上是非，怎辦？

那麼，當遇上同事圍在一起，講是講非時，我們應該怎樣做呢？

「我是新人，我不懂」、「不清楚」永遠是最好的擋箭牌。當你未分辨他們正在講論是非與否時，不妨靠近聽聽，搭訕幾句。一旦他們開始講是非，可以嘗試轉換話題；或者裝作有事要辦，慢慢走開。

學懂「呢度講，呢度散」，不要從你的口中把說話傳開去，變成傳聲筒，因為你不會知道你的話會傳到哪人的耳中，有時壞影響會像回力鏢一般回射向你。

同時，小心在WhatsApp的留言。不要為了附和他人，就隨便打些不負責的文字，因為文字可能被人利用成為呈堂證供，尤是現在cap圖的風氣盛行，你不知道你們的對話會被傳給哪些人，構成什麼影響。

你以為不聽是非，就難掌握公司內幕？很多時候，特別當公司遇上危機時，很多所謂的消息大多都是流料。快人一步收風，不但不會增強你的危機意識，相反只會增加焦慮和負能量指數，令你無心工作，被消息影響心情，影響工作效率。

若想在公司裏，與同事建立好的人際關係，不是靠埋堆講是非，而是增強自己的親和力，常常對人欣賞肯定，加上真誠，這才是最佳出路。是非，不過是有毒糖衣，看似拉近彼此，但是這種關係未必長久，也未必穩固。

是非不能做人情，
還是要學習以智慧應對，謠言止於智者。

資深同事好像經常針對我？

有次會議上，我提出了一些創新的想法，同事間贊成和反對參半。可是，有些資深同事，老是發問，我認為他們刻意刁難，指出新想法是不可行。我感到被人針對，心裏不爽。後來，我在會議中減少了發聲。有時老闆提問，也只是敷衍幾句了事。

近來老闆在會議上留意阿明刻意保持緘默，便以關心的口吻詢問因由。於是，阿明向老闆坦白，把他感到被有年資的同事針對的事説出來。

「我提出意見後，他起初好像很支持，之後卻提出很多問題，不斷挑剔。説到底，他是不贊成。」阿明苦惱地説。

老闆聽後對阿明説：「你誤會了。我曾與那位同事談過，他真心贊成你的想法。他的性格較為謹慎，提問是想確保事情能順利進行。他有豐富的經驗，可能曾在工作上『撞過板』，不想你重蹈覆轍。他是真心想幫你的。」

一間公司要不斷發展，就需要以老帶新，讓新一輩為公司注入新動力，而又可以把公司優良的傳統價值，以新的方法傳承下去。

只是在新舊共融的過程中，兩代之間容易因着價值觀與處事方法不同，帶來磨擦，甚至衝突。

初進職場的年輕人有很多新的看法。所謂新，其實只是與舊相對，也就是與公司裏的舊人看法不同。我們很容易把與自己不同的人標籤和定型。對職場新鮮人來說，公司裏的舊人，像是天生的宿敵。他們已有自己一套做事的方法，不願意作新嘗試，也常常否決新人的新想法。保守與創新，就好像銀幣的兩面。具經驗的保守者看創新者，總覺得他們不設實際，考慮不周；相反，創新的則視保守者為墨守成規，停滯不前。

新人與舊人的不同也可能源自兩代之間成長背景的不一樣，而形成了不同的價值觀。有年輕員工一遇問題，就直接走進老闆的辦公室，當面表達不滿，這與上一代的收收埋埋非常不同。

試穿對方的鞋子

嘗試理解彼此為何不同，其實是嘗試進入對方的世界，了解對方的立場和限制。當兩代人之間的價值觀差異頗大時，特別需要留意彼此成長時期的社會氣氛、處境。上一代人的價值觀不是無緣無故的養成，是有其歷史脈絡的。多一點了解，不是要求你完全接納、認同，而是能做到真正的尊重。

社會是多元的，怎樣與不同文化、價值觀、信仰的人共處、共存、共行，是我們必須學習的。職場共融，更要用心欣賞。正如上一代的同事，他們對公司的承擔和責任感都是較強的。即使公司不斷轉變，他們大都努力配合，因他們追求的是安穩，「做生不如做熟」，故不會隨便跳槽，有助公司安穩發展。

有一天早上和同工就晚會的歌曲選用開會。我們希望選取一些彼此激勵、鼓舞的歌曲，以提醒青年人一起追尋夢想、勇敢走出安舒區，卻想不到一些較新的流行曲。

苦無對策的時候，想起另一部門一位年輕實習同工。問他有沒有聽過《友共情》？這是一首 90 年代的歌，我們預計他沒聽過，怎料他一口回答：「聽過」。於是，我們請他幫忙，為我們尋找一首類近的流行曲，問題也就順利解決。

年輕的同事與我們成長於不同的時代。他們所接觸的往往能豐富我們，也能幫助我們接觸新的事物。當我們願意分享，其實可以互相豐富。更有趣的是，當我們以為彼此很不同時，原來我們仍有很多共通的地方！

你不嫌我的舊，我不怕你的新。
我們可以從對方身上學到很多。

同事是大叔、大媽該如何溝通？

我覺得難以與上司及同事溝通，他們較我年長 20、30 年，彼此間存有代溝。他們不願接受新事物，不想改變，甚至才剛學會使用 WhatsApp。每當表達的意見跟他們不合時，他們就覺得我反叛、不合作、不合羣，使我感到無奈……

曾多次聽到不同公司的資深職員慨歎，跟剛入職的新人相處不易，須花上很多心力調教及磨合。學習與不同的同事相處是職場的必修課。不僅是年輕人必修，就連職場老手也要持續進修。

不同年齡層的人，在生活、待人處事方面總會有些差異，畢竟各人的成長背景、經歷有異。年輕人期望在工作崗位上有所發揮，有時急於選用快捷、直接，甚至大膽的做法；前輩經驗豐富，偏向深思熟慮，選擇穩健、傳統的做法。兩種思維模式各有優缺點，最重要是如何有效地溝通及合作。

要打破隔閡，心法比技巧更重要。面對困境，切忌妄下判斷，要保持積極的態度，Think Positive！這樣才有心力處理問題，改變現況。作為職場新人，先不要判定自己是受害者，更不要斷言這情況無法改變。很多時候處理問題，首先要處理自己的想法。例如，常常跟同事意見不合，不代表他們針對自己，又或情況永遠如此，這種非黑即白的極端邏輯，會局限我們的視野，讓我們無法看到真正的問題，也無法想到解決方法。一味批評別人的不是、放着問題不管，或視而不見，反而會給予別人不成熟的感覺，反映出自己未有足夠能力處理問題。

合作是王道

想深一層，你被聘請加入公司，當然希望發揮所長，為公司帶來好處和協助其他同事；同事也期望能跟你有好的溝通及合作。只是意見不合的原因有很多，不一定是別人針對自己，可以嘗試虛心請教同事或上司，了解背後的原因，學習從別人的角度看事物。

曾經聽過一些公司高層分享，每位初入職的員工會獲得兩份禮物：小型記事簿及筆。他要求新員工隨身帶着它們，除了記下工作事務外，更重要記錄別人的意見及批評，從中學習改善。當你愈多了解他人的想法，往後提出意見時，就能考慮得更仔細及全面，增加被採納的機會。我認為很多公司並不討厭員工提出意見，問題是意見的質素如何。要是能提出具創意又適切、具建設性的意見，他的存在相信會被重視。

也請別忘了，每人都有一個安舒區，習慣以常用的方法處理事情，因為這是最穩妥安全的。接受新事物，意味要走出安舒區，承受風險。當然，不是人人都懼怕改變，例如有些長輩不太懂得使用智能手機，但也有老一輩覺得有趣，願意花時間了解及學習。同樣，有的同事長年習慣了一套的工作方法，難以一下子改變。

所以，我們表達意見時，可耐心解釋背後的原因，讓同事更明白自己的理念，循序漸進，不期望一下子改變對方的想法，也不要忽略對方在你的提議上加入的想法及經驗。透過彼此聆聽和了解，合作就會變得容易。

現時的社會愈來愈講求合作。工作的性質也由過往的專門、單一化轉變傾向多元化、跨界別合作，對員工的要求不單在於個人能力，更重視團隊合作。坊間很多職場培訓，都是圍繞人際溝通技巧。由此可見，人際關係成為了未來工作的重點。如果公司裏多是跟自己差別大的人，説不定反而是一個磨練人際溝通的好地方。

學習與自己不同的人相處，
磨練溝通與關係的能力。

不想變成公司老油條

眼見公司有些老油條，返工 hea 做、經常扮失憶、聲大無準，彷彿坐着等退休。不想自己將來也變成他們的模樣，我該怎麼辦……

早年香港有一套電影《方世玉 2》，方世玉的師叔，無論是幹活還是為人處事，總是說「安全第一」。此話出街後，迅速流行，意思是說：人在江湖，須明哲保身，不惹麻煩！雖然師叔向來只求安逸，不過最後還是受到良心驅使，不顧自身安危，為正義挺身而出……

其實，為求自保，實行「安全第一」乃人之常情，我們身邊不少上班一族何嘗不是奉之為金科玉律？只是有些人不只力求自保，更想盡辦法「卸膊」、「推莊」。他們不一定是資歷最老的員工，但總是給人老油條的感覺，又韌（不是韌力啊）又滑頭！

有時候，歲月真的會叫人麻木，又或者多年衝鋒陷陣後，只剩下一身自我保護的本領。而社會風氣、工作文化，也會影響一個人的價值觀及行為，形成一種得過且過，不做不錯的心態，根本不會追求卓越，更莫說人生的價值和意義。

不怕年紀老，只怕心老

在職場的日子愈長，愈要提醒自己不要變成別人眼中的老油條！在「防老」方面，我認為有兩種心態猶為重要：

1. 不要甘於平庸

戰後香港，百廢待舉。當時教育制度培育一種精英文化，尊崇專業，造就不少「成功」故事。在我眼中，除了「做好呢份工」，還要加上信念，為他人和世界創造價值，才是真正有靈魂的卓越。

今天，我們卻面對另一個危機，就是慢慢成為一個甘於平庸（mediocrity）的世代，好像香港人口中的「識少少扮代表」。隨着網絡發展，資訊、知識隨處可得，人們比前更容易濫竽充數。所以，今天青年作為網絡原住民，既擁有前所未有的學習速度和闊度，也應該着重深度的思考、整合，才能孕育持續的健康發展。

著名經濟學家泰勒·柯文（Tyler Cowen）在《再見，平庸世代》（*Average is Over: Powering America Beyond the Age of the Great Stagnation*）中，分析未來勞動市場的趨勢，提出將來平庸或一般的工作者將難以立足於世界，因為平庸的工作者與工作將會被自動化及機器人取代。柯文的話或有些危言聳聽之嫌，但想深一層也不無道理，大家若真的希望自己的職業生涯安全第一，反而要拒絕馬虎、交行貨，而是努力充實自己。

2. 避免停滯不前

有時候，在工作中追逐所謂成功帶來了另一種壓力。因此，有些朋友滿足於現狀，不再想離開安舒區，向前邁進。

我想接納自己的位置、現況並無不妥，問題在於這是否與時並進？任何人若故步自封，哪怕是當時得令的企業，都有可能被時代所淘汰。例子實在多的是，有人這樣標記發生在身邊的變化：

- 當摩托羅拉還沉醉在「大哥大」的領先地位，諾基亞已迎頭趕上；

- 當諾基亞還注重低端機市場時，喬布斯（Steve Jobs）的 iPhone 已席捲全球；
- 當傳統零售仍忙於開拓新店，全球電子商務已突破一萬億美元銷售額；
- 當銀行業儼如不倒巨人時，移動支付和電子現金已反轉金融界遊戲規則。

因此，工作上的成長必須綿綿不斷，正如生命不可能停滯不前。能夠建立一個 growth mindset（成長心態）比一個 fixed mindset（凝固心態）就顯得非常重要。

顧名思義，fixed mindset 是一種故步自封的心態，容易演變成僵化，一潭死水。「千萬不要僵化」大概是我最常用來警惕自己與團隊的説話。很多時候，熟能生巧，但也會對事情變得麻木，抗拒新事物，因此埋沒一些新的可能性。每一項工作都有它的意義，若只是機械化地不斷重複，久而久之，我們再不用帶腦袋上班，還會失去靈魂！

記得有朋友的公司申請 ISO 品質認證，需要重組工作流程。有一位老臣子不願意改革自己負責的部分，令推行新流程過程一波三折，不單延誤了 ISO 的評核，最後因而錯失了不少訂單。有時候，一個人的頑固、僵化，會影響整個團隊的運作，甚至影響公司的前途……

話說回來，在職場上，我也曾遇過很多忠於職守的老員工，他們盡心竭力，敬業樂業。他們既尊重自己的職業，也持續賦予工作新的價值和使命感。就以自己服務的機構為例，將近 44 年的歷史，若非一班前輩積極回應時代，不住革新，機構可能早已經消失了。希望大家以此為目標，享受工作帶來的樂趣與成果，在追求卓越之餘，也祝福他人！

經驗可以累積，但別累積懶散。

小結：最難搞的是自己

可能很多人有同樣的想法：辦公室充滿討厭的人。

完美主義的上司、凡事執著的同事、情緒化的職員等，這些人都是難纏的，每每讓人洩氣。然而，世事就是這樣，當你愈想避之則吉，愈想擺脱他們，他們卻愈是埋身。所以，他們可能是你命中註定的剋星。

遇上完美主義的上司時，你在他面前永遠都有瑕疵，工作永遠做得不夠好。自問盡了力，但仍是不被肯定，反而收到諸多挑剔，實在讓人氣餒。

當你跟凡事執著的同事共事，自會感到無限厭煩，心裏嘀咕他們為何聽不進別人意見，又要凡事都要唱反調。合作起來，只覺無癮，難以配合。

另一惡頂的人，就是經常在同事面前發脾氣的人。他們似乎以為辦公室是自己的家，稍有不滿，就擺在臉上，大家可以忍耐他的情緒。你最怕的，就是他們有理無理向你破口大罵。

奇怪的是，這些剋星很多時候「總有一個喺附近」，你只好慨歎何必偏偏選中我？即使其他同事可以忍受，自己 EQ 卻看似特別低，總是忍無可忍，甚至令你想到不如斬腳趾避沙蟲，干脆辭職算了。

上文的確有很多職場老手為你提出很多人際攻略，教你如何應付這些惡搞難纏的人。不過，在小結的部分，我卻想提出另一個思考：你討厭或害怕的人，或是你性格上某一部分。

這部分可能你稍稍知道的，也可能是隱藏的。這些部分所以隱而未顯，很多時候因為你根本不想面對。例如，完美主義的上司正反映你不喜歡自己不達標，或很渴望別人認同；執著的同事可能説明了你內心也有所執著，但不敢説出來；發脾氣的同事可能映照你內心想發脾氣的欲望，但一直抑壓下去。

你不喜歡的人原來是自己。世上無人完美，但人總不想看到不完美的一面，不其然隱藏起來。當你在職場上遇上自己的「影子」，才發現根本招架不來。原來面對自己，才是面對他人的開始。

五、休息工作工作休息

創路新手心聲

莊韶賢

自從上班後，工作佔了大部分時間。每天起牀就準備上班，放工的時候，天色已晚。現在只有小部分是私人時間，時間彷彿不夠用的。有時，工作壓力大，甚至會做夢，夢見關於工作的事情。所以要有解壓的方法，減輕壓力。工作使我得到收入、經驗和人脈。失去陪伴家人的時間，朋友的相聚。如果有時間，我會陪伴家人，再約朋友見面，吃飯。以補償平日失去的。

返工後，沒有私人時間

有上班時間，沒下班時間。經常 OT，既沒補錢又沒補假，向上司聲討，他一句：「人工包」，使我無言。朋友約食飯，無法赴約；看電影，無法準時入場；罕有能回家吃飯，父母也開始抱怨。假日也要覆電郵，回應上司 WhatsApp……究竟我的私人時間何在？

香港生活指數高，消費力高，工時長，向來不是秘密。根據瑞銀（UBS）2015 的「價格與收入研究報告」，香港人的工時冠絕全球，每年工作 2600 小時，比工時最短的巴黎多 1000 個小時。

根據 2012 年香港「工作時數與工作壓力意見調查」，發現在職人士平均合約工時為每週 45.4 小時，實際工作時數則為 48.8 小時。認為工時過長的受訪者覺得，工作影響了家庭、社交及消閒活動。有趣的是，調查同時指出三分之二受訪者認為工作時數合適，反映一般港人相對熱衷工作，並享受其帶來的生活保障。

換個角度來說，若減去每天 7 小時的睡眠，一個人一星期清醒的時間大約有 119 小時。如果每週工作 50 小時，加上 10 小時的交通時間，正好佔全部清醒時間的一半。那麼，關鍵就在於我們如何分配和善用餘下的時間。

盤點自己的時間

我想時間管理某程度等同自我管理。人或許能改變一些外在環境，卻沒法操控時間的流轉。我們雖不能成為時間的主人，也不可能控制外在的環境，卻可以嘗試成為時間的管家，讓它變成達成自己目標的機會，哪怕是休息、玩耍！

當年剛剛踏入職場，體驗到那種所謂「人在江湖，身不由己」的宿命，工作好像顛覆了整個生活。想通了管理時間的道理後，我開始留意自己的心理和生理時鐘，以及運用時間的模式。

首先，面對又多又難的工作，常常覺得「時間」不知往哪裏跑了，因而產生沉重的壓力。我決定看一看 *Who Stole My Time*，漸漸歸納有四個常見的時間小偷：

- Panic and Fear（恐慌；恐懼）；
- Pleasing others / own self（滿足他人或自己）；
- Procrastination（延遲；耽擱）；
- Poor Planning（沒有計劃）。

發現了這些住在內心的小偷，我唯有學習怎樣管理自己的習慣和情緒，有時是預防，有時是疏導，間中還得尋求別人幫助。是的，每個人在管理時間都有自己的風格或傾向，多作了解，就能更有效地駕馭時間。

另一方面，就是重新檢視生活中的優先次序。我會以人生階段中不同的角色、責任作為其中一條軸線，如學生、員工、家庭、義工等等，當中牽涉責任和不同的需要，也反映一個人的價值觀。

若要履行我們的角色，追求創造價值，不可或缺是賦予生活的養分，譬如預留空間閱讀（你現在做的事）、興趣、運動，還有社交、羣體的活動，這些都是補充劑，是豐富生命素質的重要養料，為日常生活注入新動力。

有一回，我轉換工作，以為到任一個工時相對輕鬆的崗位。但不知何解，生活不見得多了很多空間，原來我被一個柏金遜定律（Parkinson's Principle）所影響：

work expands to fill the available time（工作會膨脹而佔據空出的時間）。從此，我學懂了 first things first 的道理，也就是要先安放好重要或有價值的人和事，否則其他看似緊急但不太重要的事情，就會跳出來佔用你僅有而寶貴的空間！

每隔一段日子，我就會「盤點」（stock take）一下過往一季時間。先用上文提到的兩個主軸，將它們劃分為不同細項，例如：超時工作、家務、義工、家人、教會、朋友、興趣等，然後看一看它們佔的百份比，是否與計劃一致或有所偏側？一來可以看到實況，其次就是讓我有意識地作出調整，免得長期失衡，要改變就更困難，也會錯失不少寶貴光陰。

放空最好

當然，休息也是十分重要。有一段時間，除了睡覺，我還會放空。但隨着資訊爆炸、智能手機的普及，工作隨即如影隨形，揮之不去。而撇開工作，我們也花了很多時間在社交、遊戲、資訊的平台，把最私人的空間也拱手相讓了。機器有需要按時暫停休息，近期有研究指出人也同樣需要 downtime（熄機），甚至説發呆也不一定是奢侈、不好的。有一本書就以此命名：*The Upside of Downtime: Why Boredom is Good*，看來，我那些混沌的時間也不完全是浪費！

最近，認識一間電訊公司，他們開始要求員工，除非緊急事故，否則週末不可收發有關工作的電郵、WhatsApp！雖不知道實行能否持之有效，信息卻清晰明確，相信僱主不單希望員工有 work-life balance，也明白動有時、靜有時，適當的停頓、休息，反而增加新鮮感，提升工作的動力和果效。

均衡的生活對不同的人有不同的面貌，若可以把握好工作的節奏，會有助建立生活的重心，劃出空間照顧全人的健康發展。甚或達至 work-life integration。無論如何，管理好自己的作息生活，你我都有責！

好好管理時間，在繁忙的工作中，
不會迷失自己。

無法維持朋友關係？

畢業後，總有兩、三位死黨、同學每月出來吹吹水，說說工作的軼事。初時話題總會滔滔不絕，後來卻離不開工作、同事，去邊吃好東西，去哪買潮流恩物，漸漸有種遙遠的感覺。我坐在旁邊，完全無法搭話。最近，他們再約吃飯，我開始不想出現……

學生時代，大家不多不少有個想法，識於微時的同學將會是一輩子的好朋友，也會想像大家 40、50 年後仍然相聚的情景。那一刹的想像，讓大家開懷大笑，也有一份甘甜的期盼。

當我們慢慢成長，由讀書踏入社會，生活圈子比讀書時大了闊了，接觸的人來自不同的階層、不同的背景與專業。對於適應力強的人來說，這種轉變可能不會太明顯，較容易融入其中，尋找自己的定位；但是，對於某些人來說，這種轉變較難適應。

正如個案中青年人面對的處境。她開始察覺自己難以進入死黨羣的話題中，不再如從前般投契，但對大家那份深厚的情誼十分重視，難以説出那份疏遠感，只好徘徊在去與不去的掙扎中。

友情，經得起考驗

對很多人來説，這種感覺與掙扎或者不陌生，特別是初職新鮮人，面對環境轉變，調適與應對的事很多。在職場中，除要做好工作外，也要與新相識的同事建立友好的關係，自然會把全副心力與專注放在新相識的朋友上。在這個友誼的蜜月期，難免會把從前的好友、死黨放輕了。特別是對一些重感情的人，他們會期待和朋友的關係一直保持下去甚或更進深一步，有輕微轉變也會敏鋭察覺。不過，放輕了並不代表不重視這份友情。

如果你也遇到相同情況，可以問問自己：這是一種從感覺而來的距離感，抑或是一個真實的距離感？有時候，感覺掩蓋了真相，讓我們失去焦點，動搖我們看事看人的態度；有時候，感覺卻能實在地反映現況，促使我們認清事實，作出調校。如果這是事實而來的距離感，就要看看是否來自環境轉變，如見面不多、價值觀落差等等。

我有一位死黨，為人直率與樸實。工作兩三年後，她像是變了另一個人，每次見面只談論商業世界的人際場景。最深刻的是她說以生日禮物的價錢高低，衡量人與人之間的關係。那時年紀輕，心中一直鬱悶。表面上，無法接受她那不同的價值觀，但心底更大的恐懼是，擔心這份關係最終會變質，不知何時我與她之間會講錢不講心，也許從此不再見。

同樣的處境，你會如何面對呢？繼續徘徊？斬釘截鐵？包容到底？

現今的處境或許比從前更複雜，更崇尚物質，價值觀更趨兩極化，關係更不清。然而，我們仍相信在友誼上，應是接納多於抗拒，尊重多於藐視，共享多於自私，平等多於階級。

人際交往一直是很難掌握的課題。我們無法明白別人的心，有時候我們甚至無法明白自己的心。面對友情的煩惱，也許我們必須接受，大家仍在成長，彼此也會有改變，不能永遠活在相識的時候，但是友情最重要的基石，包括信心、坦誠、信任、分享、真心等等，是過去一點點累積而來。今天，這份友情如何經營下去，很在乎我們怎樣看待這份關係，怎樣看待這些友情的基石，有沒有認清自己心中對朋友的渴求？

曾有這樣一句話：「真正的朋友一起待一整天，不說話也不會感到不舒服。」這默默無聲正正展現那份友情的深度與距離。

工作再忙，
也不要忙得忘了維繫與朋友的關係。

只有旅行先可以休息？

工作以後，就算放假也經常接到同事有關工作的訊息／更新，有時甚至需要花時間跟進。大概只有去旅行，才能真正的休息……

相信很多人都會認同香港的工作環境很累人。前文提及香港是全球每週工時最長的城市，較全球每週平均工時36.23 小時超出 38%，而且有薪年假也比全球平均的少。這次的調查結果，某程度反映香港人的工作壓力。

其實即使不作調查，作為香港打工仔的一份子，也能體會工作的苦況。OT、忙碌、疲累等字詞，已是打工仔生活的代名詞。剛入職的年輕人面對工作的壓力及生活的轉變，並不容易適應。但是，旅行究竟是否應對壓力的有效方法？

其實，旅行只是一種形式，重點在於過程中有沒有得到真正的休息。休息，最基本的解釋，是身體的休息。但是，記得從前自己讀書及剛出來工作時，去旅行只是為了玩，不怕累，也不怕長途跋涉前往不同的景點、一嚐當地的人氣餐廳、尋找新奇有趣的事物，目的就是要有一趟多姿多彩的旅程，用盡每分每秒。結果，旅行過後，疲倦不堪，甚至病了一個月。這樣的旅行，只會令人更累，而不是充電的休息。

旅行是「新」的空間

進一步的休息是心靈的休息。平日工作，生活就像一個大齒輪，有很多事情需要處理，連綿不斷，循環不息。旅行的好處是可以暫時放下事務，讓自己在擠壓的生活中喘一口氣，安撫疲累的心靈。

而且，旅行提供空間給我們體驗新的事情。「新」所指的未必是全新的經驗，也包括很久沒有做的事、平日不習慣做的事。例如，早睡、不看電視、不上網、運動、靜靜地看書、跟陌生人／店主聊天等等。恆常的工作、生活規律構成循環的一部分，只要嘗試改變，就已經有新的經歷，為自己注入新鮮的愉快感。

同時，旅行也提供空間讓我們感受自己。平日生活可能太過急促，連吃飯也沒有時間細味，更容易忽略自己的狀態及需要。我們需要空間整理自己，對現在的生活有何感受？有勉強自己達成某些期望嗎？有什麼需要調整嗎？若不去感受自己內在的需要，短暫的休息只是舒緩，並不能達成長久的效果。

請願意休息

現代科技發達，隨時隨地可以工作，有的人連去旅行也放不低工作。對某些人而言，工作是重要，也是優先的，要他們完全不工作是困難的。不過，休息不是等於什麼都不做。從另一個角度解釋，休息強調的是停止，停止被某東西主導。

除了工作，娛樂也可以阻礙休息。適當的娛樂能使人放鬆，但過分的娛樂也會造成消耗。曾否試過一放假就安排密密麻麻的約會、消遣，又或者很晚回家，明明很累，仍然打開電視、上網、煲劇、打機……？感覺這樣才有生活，做了自己想做的事，但翌日上班時，不但沒有得到任何舒展，那種疲倦感甚至比前一天更重？

正如前文提及，休息包括脱離循環，有「新」經歷。所以，問題不是去不去旅行，而是我們是否願意改變，從循環中跳出來？

重新學習休息

即使去旅行能夠得到休息，但一般人又怎能常常去旅行？需要金錢、時間兼備，一年數次已是極為難得。那麼，沒有錢去旅行的人，豈不是會鬱悶至死？當然不是如此，旅行和休息沒有特定的形式，只要願意改變，平日生活也可以變成特別的旅程。就如我旅行的時候，買了一張名信片，上面寫着「旅行其實很簡單，只要離開辦公室就好」。

而且，單靠短暫旅行來救命不是長遠之法。我們應該在生活之中，為自己預留空間，調整工作生活平衡，重新學習休息。休息有效，生命質素自然有所提升，面對壓力時會有更強的抗逆力。

最近與一位朋友吃飯，他因為工作環境不理想而換過幾份工作，近期終於明白一個道理：每份工作都有它的難處和不理想的地方，不停地轉換環境不能解決問題，唯有學習處理這些問題。同樣，對於工作及生活的壓力，我們也要學習如何面對，才可以走更遠一點。

休息不在玩樂，在於給自己重新得力。

你還能維持自己的興趣嗎？

出來工作後，太忙了。每日起牀都是上班，放工能夠跟朋友見面已經極為難得，根本沒有什麼私人時間，連自己的興趣都疏遠了。難道我就只有生存，沒有了生活嗎？

阿樹曾是樂隊的電結他手。為了參加校內歌唱比賽，他與幾位同學在高中時組成樂隊，自己創作，自己獻唱。曲、詞或許不像流行曲般入耳，卻表達了他們的想法。當時，他們醉心夾band，幾乎每天放學後都會相聚，索性一起租一個地方。從找地方、籌集器材，至裝修擺設，都由他們一手一腳完成。

後來，阿樹升讀 IVE 修讀平面設計。只是他慢慢發現，趕功課時往往要通宵達旦，夾 band 的時間少了。畢業後，他加入設計公司工作，生活比起讀書時更加忙碌，而其他成員工作以後也各有各忙，相聚的時間愈來愈少。很多時，隊員因工作臨時加班而缺席，有隊員也因工作太累而選擇留在家休息。

這樣的情況維持了一年多後，他們只好無奈地解散。只是每逢看見其他樂隊演出，阿樹心中不禁有點失落。

出來工作後，是不是真的很難維持興趣呢？一般而言，打工仔比起學生時代的閒暇時間自然較少，一些很花時間的興趣，尤是需要幾位志同道合的朋友一起完成的，如夾 band、拍片，可能真是較難維持。

不只因為工作比讀書忙碌，而是踏入社會以後，大家的生活節奏不同。大家在不同的公司，面對新的環境，有新的挑戰、新的方向、新的焦點、新的時間表，這一切都需要適應；更重要的是，有一羣新同事，自然需要時間經營這些新關係。

時間不能帶走的事

在轉變當中，即使是興趣也不免掉落轉變的漩渦中。轉變的漩渦把我們一貫的平靜帶走，也會衝散一些不牢固的東西。漩渦衝不掉的多是最牢固的東西，也就是我們生命中最看重的。

出來工作後，有些興趣可能真的未必再能投放時間。但是，若這些興趣果真是熱情所在，哪怕工作多忙，這些事情還是會叫人愈做愈興奮，甚至能得到額外的力量，叫人不得不擠出時間。就算這一刻真的沒有時間，我們的心中還是會牢牢記得，在有空間的時候，再一次重拾這些興趣。

轉變的漩渦可能是無情地把一些東西衝散，卻客觀地讓我們知道哪些是我們真心喜歡的。就如阿樹，他的樂隊解散了，但他沒有放棄彈結他。

在公司的週年派對中，他與數位喜歡音樂的同事決定組 band 演出。工作依然忙碌，但他們把握每天午餐、OT後的時間，一起在辦公室jam歌，那是另一番的樂趣。

轉變的漩渦的確會帶走了一些東西，但也會帶來了新的東西。

還記得讀書時的興趣嗎？
找一些時間，重拾引發你熱情的事。

追不完的證書人生

身邊朋友陸續碩士畢業，只有我沒有什麼進修計劃。雖說公司沒有要求，但我是不是應該多考一張碩士證書？

從前在大學讀書，感覺大學的日與夜是兩個截然不同的世界。日間多是年輕的本科學生，各人有講有笑，感覺輕鬆活潑；晚上多是一羣身穿行政服飾的成年人，急忙地在校園內穿插，進出燈光通明的課室。那時候，心裏疑問：為什麼這些人在下班後仍要進修？

不健康的進修生活

香港是個知識型經濟社會，僱主對知識、學歷的要求愈來愈高。進修，本來是一件正面的事，助益自己增長知識和技能。可是，久而久之，進修變成常態，卻失去意義，也成為負擔。

以開初問題的提問者為例，他考慮進修不是出於自己的計劃及需要，而是眼見朋輩畢業所帶來的壓力，隱約感到他的不安及焦慮。若果他因此缺乏清晰考慮就開始進修的話，可能出現兩種不健康的情況：

1. 迷失

他沒有認清自己進修的目的及方向，單是受他人及環境影響。即使讀完一個又一個課程，仍然不知道自己為何而讀，也不理這些課程是否合適自己，可能愈讀愈迷茫，結果浪費了金錢及時間。

2. 構成壓力

大部分正在進修的朋友都會用「辛苦」形容這個歷程。除了繁忙的工作，放工後還要花時間讀書、做功課、準備考試，都會構成不少壓力。如果進修後的生活安排得不妥善，更會對身體、精神做成傷害，進一步影響生活及工作。這樣進修下去，又何苦呢？

真的要進修？

進修不必一下子決定，始終進修不是一個簡單的決定，往後的一、兩年需要花上時間，也需要花費一筆金錢。所以，先讓自己考慮清楚。基本上，可以考慮下列兩個基本問題。

1. 我為何要進修？

這是關於進修的目的。我真的需要進修這課程？是工作需要，抑或個人興趣或發展？有足夠理由驅使我作這個決定？還有其他選擇嗎？如果剛轉這份工作一段短時間，對整個行業不是十分認識，也不肯定自己會否繼續投身這工作，有必要就讀有關的專業課程嗎？不妨多跟不同的朋友、師長傾談一下，從不同角色思考，澄清目的尤其重要。

2. 這時候是否合適進修？

這是有關時間的問題。我是否準備進修，還是會很勉強？最基本的條件是時間及金錢，要是有良好時間管理，不但使進修更有果效，對個人的生活平衡也十分重要。生活中能否騰出足夠的空間？有什麼事情需要先割捨嗎？另一方面，對於剛剛投身工作的青年，收入未必很穩定，不妨先儲蓄足夠金錢，讓進修可以輕鬆及穩定一點。

學歷不等於能力

打工仔努力進修，普遍有一個共同想法，就是提升競爭力，期望有助未來工作發展。透過進修增值自己，對工作或多或少會有幫助，尤其一些對學歷及相關專業有特定要求的崗位。不過，別誤以為有學歷等於有競爭力，能升上高級的職位，因為學歷不完全反映一個人的工作能力。

學歷像是一張入場券。入場以後，別人看的不是你的學歷，而是你的工作態度、責任心、人際相處、成熟度、解決問題的能力、能否處理壓力、創意等，整個人的特質和軟實力。即使老闆因為你的學歷聘請了你，若他發現你責任感不足，也是不會向你委以重任。他要的不是一個學生，而且一個值得信任的員工。

所以，提升競爭力，學歷不是唯一的途徑。與其追逐一張又一張的證書，倒不如先豐富個人的內在素質。

進修前先考慮清楚個人能力和空間，
更要衡量這是否工作需要。

畫下工作的界線

最近，朋友常投訴我吃飯時總是拿起電話不停覆WhatsApp。其實，有苦自己知，上司常常在放工後或放假時致電 / WhatsApp 我，詢問我有關工作的事情。我擔心不回覆，會被上司誤會自己對工作不熱誠；但更怕一旦覆了電話 / WhatsAapp，就要進入工作mode，連私人時間都不能停下來。

曾與年輕的朋友對席而座，他拿着手機，忙足整個晚上，心中覺得不是味兒，只想簡簡單單分享彼此的近況也感不容易。

長工時已經是大部分人生活的一部分。為要保住份工，打工仔沒有太多選擇空間。即使不滿放假要回覆上司，最後還是會照單全收，不敢輕舉妄動。今天，科技先進讓我們工作無邊界，尤其職場小薯，不敢向上司說「不」，也在有意無意間把這種工作模式融入生活，成為理所當然的事。

那頓晚飯過後，想起一個課題，就是如何為自己及工作立下界線（boundaries）。

為生活畫一條線

界線是一個很清晰的字詞，就像在地上畫下一條線將兩邊分開，從來不含糊。然而，在現實中，生活與工作之間要畫下這條線很難。這位年輕人面對這種拉扯，擔心老闆對自己的想法，或許也渴想老闆對自己工作能力的認同，所以無論任何時間都即時作出回應；然而，他同時渴望有更多生活空間，工作時工作，休息時休息，娛樂時娛樂，不被工作的打擾，讓自己生活過得更平衡。

認清自己心中的渴想是定界線很重要的一步。如果你渴想在工作中獲得滿足與認同感，對工作的責任與熱愛可從日常工作展現，相信上司看員工的表現，並不單從你工作時間以外接不接電話或回不回覆 WhatsApp 為標準，從而評價你的工作表現。同時，你也要對自己的工作表現有一份自信，減除一些不必要的壓力與恐懼。如果你心中渴想工作與生活平衡，就必須下定決心，學習放下只滿足工作的需要，畫出自己想要的空間，在適當的時間才回應上司。

規劃空間是一個對生活渴望的即時回應。在十多年前，我的上司總讓我們在年度之初先規劃放假的日子，而在我們放假的時段，他就不會為我們定下工作計劃。我很欣賞他的做法，他教曉我們看重優質的休息與工作平衡，這樣才能在未來走更遠的人生路。此後，我會在工作的高峰期，預早騰空一些時間不工作，好讓自己心靈歇息，這也是實踐平衡與善待自己的一個練習。

在私人時間收到工作訊息，掌握適當的回應時間也是一門學問。先要看看上司的來電與即時信息是偶發抑或慣性，近日工作的現況是危急抑或放緩，工作的性質是否出現突發狀況等，這些種種因素也是回應時的參考。

若果這些因素不是自己可以選擇與決定的，深思後也許要作一些行動，如：這是上司的性情與慣性，值得花一點時間與上司傾談，互相了解彼此需要與期望，這有助大家在日後合作上訂立一條適當的界線。

現代人對生活與工作的要求和從前大不同，重視生活與工作平衡是一種生活的選擇，沒有好壞、錯對之分，也不需要為未能即時回覆上司感到有壓力與歉疚。重要的是，以積極態度回應處境，達致共識，在工作與生活能達到雙贏的局面。

工作與生活同樣重要，畫好界線，

便能走更遠的路。

小結：以休息為本的工作

倘若老闆或上司看到這標題，他一定不滿意，指責工作怎可以以休息為本？根本就是「練精學懶」。有個有趣的説法，上世紀有首流行歌叫《休息工作再工作》，説的就是休息是為了更好地工作。

隨着科技發達，我們愈來愈難分辨工作與工餘時間。即使放工回家，上司仍可經電郵、短訊吩咐你工作。法國於 2017 年起正式實施「離線權」法案，員工下班後有權拒絕接收上司的電郵和短訊。香港人每週工作時數冠絕全球，一定慨歎怎會有離線權這回事？

其實，離線權不關乎立法立例，可能在乎自己，因為我對休息有另類的定義。

休息第一個定義是空間。工作需要空間，空間給人透氣，給人想像力，因為有透氣空間，就有機會想想更多可能性，因此可以為人帶來希望。我們為自己定時間表時，先因應工作日程，或會議，或進度，把工作，填入時間表內；剩餘的時間，才是休息空間。結果，工作滿滿，應酬滿滿，給自己的空間卻少之又少。

一種以休息為本的工作原則，就是先計劃自己當有的空間，或休息，或思考，或獨處，或安靜，或退修，或學習新事物，或鍛練身體，或吃喝玩樂……之後才把工作填上，好處是生活不會被沉重的工作擠壓得密密麻麻。

休息第二個定義是個人調整。很多人工作忙到一個瘋狂的程度，只好引頸以待長假期的來臨，立即去旅行散心，忘記所有跟工作有關的東西。可是，有時旅程中的辛勞不下於工作，只是心態不同。

又有人會下班後，回家什麼都不想不做，只打開電視呆望，或上網亂瀏覽，目的是放空自己。當然，更多人立即跳上牀睡覺。以上都算是一種休息，但這是被動地調整自己的身體和腦袋。

你有想過？其實你在忙碌時，更需要定時調整內在的情緒，例如憤怒、不滿或失望，更需要自問：究竟我在做什麼？我做的事，是朝向自己理想目標嗎？有需要調整嗎？這種休息，是幫助你定時作心理檢查，為自己重新定位。

如此，你今天休息了沒有？

師徒創路學堂介紹

「師徒創路學堂」(Modern Apprenticeship，簡稱 MA) 由突破機構「創路坊」2003 年開辦，給青年人的課程，亦是突破機構的創路事工體現。

創路事工的理念是「先學做人，再學做工」，以此作為培養方向，讓青年人發展人生。「先學做人」是相信青年人要面向未來，必先從自我認識開始，並在認識自己、別人及身處社羣的過程中學習分辨真我、自身的想法和需要。「再學做工」便是協助年輕人認識及進入工作場境，吸收經驗、檢視創路的效能和路線圖。整個創路的生涯規劃歷程包括：「知己」、「知彼」、「抉擇」、「訂定」及「實踐」，最後邁向個人召命。

從 2003 年開始舉辦「師徒創路學堂」，並加入與商界夥伴新鴻基地產 (2003，2006，2007，2008) 及新世界集團 (2004，2005) 合作的元素，貫徹我們對青少年的信念，在學校、工作、家庭和社羣等不同的體系中，全面培育青少年，開創自己的成長路。此計劃共舉辦了五年 (2003-2008)，約共有 130 位青少年參與其中。

他們要經歷 10 個月在不同範疇的培訓，結業後再踏上自己的成長路。課程內容包括：

1. **課堂**：實用語文、資訊科技應用、職業發展課程及工作實習，幫助青年人裝備自己。(歷屆提供課程的包括中華基督教會公理高中書院、聖道中學、地利亞教育機構等)
2. **工作實習**：安排學員到職場實習，由工作師傅教授和指導，讓青年人適應工作環境。(由商界夥伴提供)
3. **人際與領袖素質訓練**：透過不同的成長工作坊及營會，培訓學員的人際及領袖素質，加強抗逆力及未來視野，助青年人發掘領袖及人際潛能，創出個人新路向。(由「突破機構創路坊」提供)。

2008 至 2010 年間「創路坊」延續「師徒創路學堂」的使命，並將當中的信念化作不同的項目，期望將過往的經驗和概念深化，與更多的青少年工作者分享。為期望有更多人受惠，讓計劃的理念及核心價值幫助更多青年人，故在新鴻基地產的支持和協助下，於 2008 年成功申請携手扶弱基金，得到更多的資金幫助有需要的青年人。

直到 2010 至 2012 年，「創路坊」繼續夥拍新鴻基地產，面對香港社會及教育制度之轉變，回應時代需要，開辦師徒創路系列「想創未來 2010 - 2012」生涯探索與領袖訓練計劃。計劃對象為新學制下首屆中五學生，仍抱着「先學做人，再學做工」的信念，配合學校新高中學制下的「其他學習經歷」（Other Learning Experience）的教育，盼望能協助年輕人在社會制度的轉變下勇於探索前路，敢於啟動夢想，挑戰種種局限，並創建未來人生路。

2013 至現在，「創路坊」及新鴻基地產接續開辦「見造未來——師徒創路學堂」除整理及深化以往經驗外，主要服務對象為中學文憑試考生。除保留原有的師徒工作實習、個人成長訓練外，也加插了海外學習之旅，讓學員在職涯探索的路上，不單看重做人的工作態度與技巧，也拉闊他們對未來工作的想像，思考城市的處境與未來工作的關係，讓海外的創路經驗轉化生命與前路。

「師徒創路學堂」先後出版三本著作：《創路達人の從零開始》（2008）介紹計劃理念及《玩創未來》的創路活動結集（2010），向青少年同行者分享栽培青年人創路的經驗。第三本書記述創路青年的心路歷程與成長故事：《折翼孩子能飛》（2013），該書更入選第 26 屆中學生好書龍虎榜候選好書。

《創路達人の從零開始》

作者：鄧淑英、梁裕宏、
黃嘉儀、李潔卿

《玩創未來》

作者：鄧淑英、黃嘉儀、李潔卿、
李櫟林、梁裕宏

《折翼孩子能飛》

作者：師徒創路學堂師生

*入選第 26 屆中學生好書龍虎榜候選好書